CHRISTOPH GOLLENZ

GOLI *grillt* FISCH & MEERESFRÜCHTE

REZEPTE UND TIPPS VOM WELTMEISTER

LEOPOLD STOCKER VERLAG
GRAZ – STUTTGART

Umschlaggestaltung: Werbeagentur Rypka GmbH, 8143 Dobl/Graz, www.rypka.at
Titelbild: Alexander Stiegler

Bildnachweis:
Produktbilder wurden von den Herstellern zur Verfügung gestellt.
Das Foto vom Bewerb auf der Seite 7: Helmut Klein
Alle übrigen Bilder (Rezeptfotos, Reportagebilder), so nicht anders angegeben:
LEXPIX PHOTOGRAPHY/Alexander Stiegler

Bibliografische Information der Deutschen Nationalbibliothek:
Die Deutsche Nationalbibliothek verzeichnet diese Publikation in der Deutschen Nationalbibliografie; detaillierte bibliografische Daten sind im Internet über http://dnb.d-nb.de abrufbar.

Hinweis:
Dieses Buch wurde auf chlorfrei gebleichtem Papier gedruckt. Die zum Schutz vor Verschmutzung verwendete Einschweißfolie ist aus Polyethylen chlor- und schwefelfrei hergestellt. Diese umweltfreundliche Folie verhält sich grundwasserneutral, ist voll recyclingfähig und verbrennt in Müllverbrennungsanlagen völlig ungiftig.

Auf Wunsch senden wir Ihnen gerne kostenlos unser Verlagsverzeichnis zu:
Leopold Stocker Verlag GmbH
Hofgasse 5/Postfach 438
A-8011 Graz
Tel.: +43 (0)316/82 16 36
Fax: +43 (0)316/83 56 12
E-Mail: stocker-verlag@stocker-verlag.com
www.stocker-verlag.com

ISBN 978-3-7020-1702-6

Layout: Werbeagentur Rypka GmbH, 8143 Dobl/Graz, www.rypka.at
Druck: Finidr, s.r.o., Český Těšín

INHALTSVERZEICHNIS

INHALTSVERZEICHNIS

FISCH UND MEERESFRÜCHTE

INHALTSVERZEICHNIS

BASICS UND BEILAGEN

VORWORT

Ein bewegtes Jahr 2016 liegt hinter mir. Im Februar ist mein erstes Buch GOLI GRILLT BASICS erschienen. In diesem Buch finden Grilleinsteiger, Fortgeschrittene, aber auch Grillprofis viele Ideen, wie man köstliche Gerichte am Grill umsetzen kann. Alle Rezepte sind erprobt und auf allen geschlossenen Grillsystemen, z. B. auf einem Kugelgrill, umsetzbar. Was mich als gebürtigen Steirer besonders freut, ist, dass der sehr renommierte Leopold Stocker Verlag mit Sitz in Graz dieses Projekt verwirklicht hat.

Seit 10 Jahren nehme ich mit meinem Team „Goli & Chef Partie" an Grillwettbewerben teil. Vize-Staatsmeister der Grillamateure 2007 war der Anfang, gefolgt von drei Staatsmeistertiteln 2008 bis 2010. 2011 dann die absolute Sensation: Wir wurden **Gesamtweltmeister in der Grill-Profiliga in Gronau/Deutschland**. Kein österreichisches Grillteam hat das bis heute geschafft. 2012 wurden wir als Draufgabe **Vize-Europameister in Tourhout/Belgien**. Danach wurde es etwas stiller um mein Grillteam, jedes Jahr dasselbe Spiel. Wir wurden immer besser, kreativer und waren besser organisiert, aber trotzdem blieb uns der oberste Platz am Siegertreppchen verwehrt. Zwar waren wir zwischen 2013 und 2015 immer unter den besten vier Teams der Welt, das war schon auch eine sehr beachtliche Leistung – konnten wir immerhin mit Stolz behaupten, das beständigste Grillteam in der Szene zu sein –, aber wie heißt es so schön im Sport: Der „Zweite" ist der erste Verlierer.

Am 18. September 2016 war es dann so weit, wir haben in **Bremen/Deutschland bei der WBQA Grilleuropameisterschaft** wieder voll zugeschlagen und mit sehr großem Abstand die Konkurrenz hinter uns gelassen und sind als **Gesamt-Grilleuropameister 2016** nach Hause gefahren.

GOLI & CHEF PARTIE

AUSTRIA - EUROPE - WORLD CHAMPION GRILL & BBQ

Wer glaubt, wir haben jetzt alles erreicht und wir setzen uns zur Ruhe, dem sei gesagt, wir sind noch nicht müde. Im Gegenteil: Wir sind voll motiviert, auch bei kommenden Grillmeisterschaften an den Start zu gehen und unser Land würdig zu vertreten.

Jetzt zum neuen Buch: **GOLI GRILLT FISCH & MEERESFRÜCHTE**. Fisch und Meeresfrüchte am Grill zuzubereiten war schon immer eine große Leidenschaft von mir. Seit 2008 bin ich bei der Firma Eisvogel, ihres Zeichens einer der größten Fischproduzenten Mitteleuropas, tätig. Eisvogel ist nicht nur Fischzüchter, sondern auch einer der letzten Fischgroßhändler Österreichs, darum war es für mich naheliegend, als nächstes Projekt ein Buch über die Zubereitung von Fisch und Meeresfrüchten am Grill zu schreiben.

In diesem Buch werden viele heimische Fische, wie Forelle oder Saibling, aber auch Karpfen, Riedling oder Reinanken auf sehr unterschiedliche Weise am Grill zubereitet, aber auch Meeresfische, wie Lachs, Thunfisch, Wolfsbarsch oder Steinbutt, werden perfekt in Szene gesetzt. Auch nicht so alltägliche Leckerbissen, wie Hummer, Langusten, Oktopus

Grilleuropameister 2016; v. l. n. r. Thomas Ellwanger, Christian Gaspar, Wilfried Lind, Martin Börst, Alexander Gollenz, Christoph Gollenz

oder Softshell-Krabben, finden in diesem Buch ihren Platz, in dem aber nicht nur gegrillt wird, sondern auch gewokt, gedopft*, heiß und kalt geräuchert, auf Holz und Salzplanke zubereitet, gefüllt, überbacken, im Strudelteig oder in der Folie gebacken. Ich hoffe, ich kann viele Leserinnen und Leser davon überzeugen, einmal etwas Neues am Grill auszuprobieren. Wer glaubt, es sei schwierig Fisch & Co. zu grillen, dem möchte ich mit diesem Buch das Gegenteil beweisen. Gegrillter Fisch ist nicht nur gesund, er schmeckt auch.

* Kein Rechtschreibfehler, nein, es heißt wirklich „dopfen". Gemeint ist das Kochen in freier Natur mit einem sogenannten Dutch Oven. Ein schwerer schwarzer gusseiserner Topf, mit dem über offenem Feuer oder mithilfe glühender Kohlen viele leckere Gerichte zubereitet werden.

WARUM FISCH GRILLEN

Fische sind sogenannte wechselwarme Tiere, umgangssprachlich oft auch als „Kaltblüter" bezeichnet, die in Teichen, Flüssen oder Meeren zu Hause sind. Wechselwarme Tiere können ihre Körpertemperatur im Gegensatz zu Warmblütern nicht selbst regulieren und auf einem konstanten Wert halten, sie nehmen die Temperatur ihrer Umgebung an. Die Nordsee, zum Beispiel, hat eine durchschnittliche Jahrestemperatur von etwa 10 °C. Nördlichere Gewässer erreichen Temperaturen von gerade mal 6–8 °C. Also Temperaturen wie im Kühlschrank.

Das Fett von Fischen enthält einen hohen Anteil an **ungesättigten Fettsäuren**. Für den Menschen sind ungesättigte Fettsäuren sehr **gesund und bekömmlich**, sie geben Fisch auch einen **delikaten Geschmack**. Der Gesamtfettgehalt der meisten Fische ist sehr gering. Von 100 g Fischfleisch entfallen bei einer Forelle beispielsweise nur etwa 3 g auf Fett und 20 g auf Eiweiß. Fettreichere Fische, wie beispielsweise Lachs, enthalten mehr als das doppelte an Fett, ein Aal kommt sogar auf einen Fettanteil von 20 g pro 100 g.

Fische müssen nicht ihr eigenes Gewicht wie Tiere am Land tragen, fast die gesamte Schwerkraft wird durch den Auftrieb im Wasser wieder ausgeglichen. Ein starkes Stützgerüst aus Knochen und Bändern ist deshalb nicht notwendig, ein Skelett von weichen Gräten zur Formstabilisierung genügt. Die Muskeln von Fischen sind deshalb im Allgemeinen schwächer ausgeprägt als die Muskeln von Landsäugetieren, sie enthalten auch kaum zusätzliches Bindegewebe. Deshalb braucht man beim Essen von Fisch kein Messer, Fisch lässt sich sogar roh verzehren, zum Beispiel als Sushi, oder roh mariniert und kalt geräuchert, das Muskelfleisch bietet den Zähnen kaum Widerstand. Es muss nicht einmal dünn aufgeschnitten werden wie ein Carpaccio vom Rinderfilet. Auch eine Reifung, die beim Fleisch dafür sorgt, dass sich das Bindegewebe lockert und dass das Fleisch seinen typischen Geschmack bekommt, ist beim Fisch nicht notwendig. Im Gegenteil, Fisch verdirbt sehr schnell und selbst eine kurze Lagerung von nur wenigen Tagen schadet der Qualität.

Ein **Fisch besteht nur aus Filet**. Es gibt nicht wie beim Rind oder Huhn verschiedene Muskelpartien, die wenig oder viel Bindegewebe enthalten und deshalb verschieden lange Garzeiten erfordern. Fisch muss lediglich bis zu einer bestimmten **Kerntemperatur** gegart werden. Im Inneren sollte der fertige Fisch noch glasig sein, das heißt, ein Bereich von ein paar Millimetern Dicke soll nicht vollständig durchgegart werden. Aufgrund der relativ geringen Kerntemperatur sollte Fisch in jedem Fall auf einem vorgewärmten Teller angerichtet werden. Der Fisch, insbesondere das Fischfilet, kühlt auf einem kalten Teller sehr schnell ab und ein glasiges Filet ist dann nur mehr lauwarm.

Beim Grillen von Fisch entstehen auch sogenannte **Maillard-Reaktionen** wie beim Anbraten von Fleisch, freie Aminosäuren und Zuckermoleküle kommen auch im Fisch vor und verbinden sich bei Temperaturen ab 140 °C schnell zu schmackhaften Röstaromen. Allerdings finde ich, dass ein zu starker Röstgeschmack die feinen Aromen des Fisches oft verdrängt und die Gefahr des Übergarens wächst, je länger und heißer der Fisch gegrillt wird. Im Gegensatz zum Grillen von Fleisch darf die Grilltemperatur bei der Zubereitung von Fisch und Fischfilet um einiges niedriger gehalten werden.

TIPP

Um zu verhindern, dass bei diesen niedrigen Grilltemperaturen der Fisch am Rost kleben bleibt, empfehle ich die Verwendung von Gusseisenrosten und Gusseisengrillplatten. Zum Wenden keinesfalls eine Grillzange oder Fleischgabel verwenden, sondern eine dünne Winkelpalette, mit der der Fisch vorsichtig angehoben und gedreht werden kann.

ZUBEREITUNGS-ARTEN

In diesem Buch wird aber Fisch nicht nur gegrillt, sondern auch auf andere Arten zubereitet.

Das **Räuchern** ist eine uralte Tradition. Früher wurden mittels Rauch Lebensmittel konserviert und haltbar gemacht. Heute werden Fleisch, Fisch, Käse, aber auch Gewürze mit Rauch veredelt und gelten als Spezialitäten. Das Räuchern von Fisch ist grundsätzlich **mit jedem geschlossenen Grillsystem** möglich. Das gilt nicht nur für Holzkohlegrills, auch auf Gasgrills kann warm und heiß geräuchert werden.

Bei Kohlegrills reichen ein kleiner Glutstock und eine Handvoll Buchenspäne aus, um kräftigen Rauch zu erzeugen, für Gasgrills gibt es spezielle Räucherboxen, die mit Holzspänen befüllt werden und direkt im Grill über der Flamme platziert für eine rauchige Geschmacksnote sorgen.

Martin Plomberger betreibt eine kleine regionale Fischzucht am oberösterreichischen Mondsee

Die Temperatur sollte beim Heißräuchern 90 °C nicht übersteigen, beim Warmräuchern liegt die Temperatur bei ca. 60 °C und beim Kalträuchern sogar maximal nur bei 20 °C.

Je heißer der Rauch, desto kürzer die Räucherzeit. Fischfilets sind in ca. 20 Minuten perfekt heißgeräuchert, will man dieselben kalträuchern, dauert das mehrere Stunden.

Wer größere Mengen räuchern möchte, sollte über die Anschaffung eines Räucherschrankes nachdenken. Neben den klassischen Buchenholzspänen sind mittlerweile auch andere Holzsorten wie Erle, Birke, Ahorn, Esche, Apfel, Kirsche usw. erhältlich.

Beim **Konfieren** wird das Fischfilet in einer Grillschale komplett mit aromatisiertem Öl bedeckt und ganz sanft bei max. 65 °C am Grill gegart. Diese Garmethode ist zwar nicht ganz grilltypisch, aber das Resultat ist ein Fisch, der von der Konsistenz oder Textur bis hin zum Geschmack kaum übertroffen werden kann.

Die Zubereitung von **„Stangl-" oder „Steckerlfischen"** am Grill (an einem Stab gegrillter Fisch) hat in der Region Salzkammergut, wo ich seit über 20 Jahren beheimatet bin, bereits seit Jahrzehnten Tradition und scheint ganz leicht, aber nur Ahnungslose denken, dass es sich beim Steckerlfisch einfach nur um irgendeinen Fisch handelt, der auf ein Steckerl gespießt und dann gegrillt wird. Ein Steckerlfisch rund um den Traunsee in Oberösterreich ist eine regionale Spezialität und wird nur hier „Stangöfisch" oder „Stanglfisch" genannt. Es müssen „Riedlinge" sein, ein kleinwüchsiger Cousin der Reinanke, diese gibt es nur im Traun- und im Baikalsee.

Der Traunsee ist mit 191 m Tiefe der tiefste See Österreichs und nach dem Attersee auch der zweitgrößte. Nur notfalls, wenn keine oder zu wenig Riedlinge gefangen werden, dürfen auch kleine Reinanken für diese landestypische Grillspezialität verwendet werden. Die Geschichte zum Riedling, die urige Grillmethode und der sensationelle, feine Geschmack sowie meine persönliche Verbundenheit zur Region haben mich überzeugt, dass der original „Stanglfisch" als Coverbild für dieses Buch dient und somit besonders hervorgehoben wird.

Beim Fang der Riedlinge für dieses Buch war ich selbst dabei und schaute Sepp Poigner beim Fischen am oberösterreichischen Traunsee über die Schulter (Bild auf der nächsten Seite).

Aber noch viele weitere Ideen zum Thema Fisch und Meeresfrüchte möchte ich in diesem Buch weitergeben. Egal ob gefüllt, gerollt, im Ganzen oder als Filet, direkt am Rost oder auf Salz und Holzplanken zubereitet, als Burger oder Surf & Turf, ob Paella oder Strudel, Fisch und Co. machen am Grill und bei den Gästen immer eine gute Figur.

Original Stanglfisch

SPICE WORLD

FISCH MIT GUTEM GEWISSEN EINKAUFEN

GÜTESIEGEL UND IHRE BEDEUTUNG

Wildfang oder Aquakultur? Welcher Fisch besser, gesünder und ökologischer ist, ist nicht einfach zu beantworten. Wer aber beim Kauf zu Produkten mit Gütesiegel greift, trägt dazu bei, dass immer mehr Betriebe auf nachhaltigen Fischfang oder nachhaltige Fischzucht umsteigen. Wer bereit ist, etwas mehr Geld für zertifizierten Fisch auszugeben, unterstützt das Prinzip der Nachhaltigkeit. Denn diese Siegel kosten die Betriebe Geld und gleichzeitig müssen sie sich auch an die vorgegebenen Rahmenbedingungen halten. Kann man ein gutes Gewissen haben, wenn man Fische mit Gütesiegel kauft? Ich finde, ja, es ist zumindest ein Anfang, aber jedes Gütesiegel ist nur so gut wie die Standards, die ihm zugrunde liegen. Aus der Sicht von **Greenpeace** gibt es derzeit leider noch kein Gütesiegel, dem man uneingeschränkt vertrauen kann, obwohl es immer mehr zertifizierte Fischprodukte gibt. Dennoch sind Gütesiegel eine wichtige Hilfestellung beim Einkauf. Die MSC-Zertifizierung wird vom **WWF** als ein sehr guter Lösungsweg zum Schutz und zur Regeneration der Fischbestände und mariner Lebensräume angesehen. Auch die nachfolgenden Gütesiegel haben sehr hohe Kontrollstandards, die lückenlos dokumentiert werden müssen, und erhalten von mir eine klare Kaufempfehlung. Bei Wildfang ist das **MSC**-Siegel (Marine Stewardship Council) und bei Zuchtfischen das **ASC**-Siegel (Aquaculture Stewardship Council) eine gute Wahl. Alle diese Produkte wurden kontrolliert, sind zertifiziert und rückverfolgbar. Nationale Gütesiegel oder die Siegel regionaler bzw. nationaler Bio-Anbauverbände stellen ebenfalls eine gute Richtlinie dar. Nähere Informationen zu den einzelnen Gütesiegeln gibt es auf den jeweiligen Webseiten nachzulesen.

MARINE STEWARDSHIP COUNCIL

MSC-zertifizierte Fischereien müssen folgende Kriterien erfüllen:

- Ihr Fischfang darf nicht zur Überfischung führen.
- Sie müssen das Ökosystem erhalten.
- Sie müssen Bestandteil eines effektiven Verwaltungssystems sein, das Gesetze und internationale Standards berücksichtigt und die Einhaltung der beiden vorgenannten Punkte garantiert.

Konkret heißt das, dass nur so viel Fisch entnommen werden darf, wie auch nachwachsen kann. Die natürlichen Verhältnisse zwischen den verschiedenen Arten innerhalb eines Ökosystems müssen bestehen bleiben. Es müssen umweltverträgliche Fangmethoden eingesetzt und Schonzeiten und -gebiete beachtet werden.
www.msc.org/de

EU-BIO-SIEGEL

Die Produkte entsprechen den EU-Bio-Verordnungen. Weiters muss verpflichtend unmittelbar unter der Codenummer der Kontrollstelle die geografische Herkunft angegeben werden.

https://ec.europa.eu/agriculture/organic/downloads/logo_de

AMA-GÜTESIEGEL

Die AMA-Gütesiegel-Richtlinie „Fischaufzucht" umfasst alle Lebensphasen von Fischen – vom Schlupf bis zur Speisereife. Ziel der Richtlinie ist die Qualitätssicherung durch genau definierte Produktionsbestimmungen und regelmäßige Kontrollen. Durch die laufende Überwachung der Wasserqualität soll der gute ökologische Zustand der Gewässer erhalten werden. Und nicht zuletzt gilt – wie bei allen Gütesiegelprodukten – volle Transparenz bei der Herkunft.

http://amainfo.at/ama-teilnehmer/informationen-fuer/lizenznehmer/fisch

AQUACULTURE STEWARDSHIP COUNCIL

Durch die Wahl von ASC-zertifiziertem Fisch kann der Verbraucher sicher sein, verantwortungsvoll gezüchtete Fische gekauft zu haben.

www.asc-aqua.org

GLOBAL G.A.P

Kontrollierte Standards für die Bereiche Lebensmittelsicherheit, Tierschutz, Arbeitsschutz, Umweltschutz und für soziale Faktoren bei der Produktion werden garantiert. Grundlegend dabei sind die nachweisbare Trennung und die damit einhergehende Rückverfolgbarkeit aller Produktionsschritte.

www.globalgap.org/de

BEST AQUACULTURE PRACTICES

Kontrollierte Standards zu Tierschutz- und Nachhaltigkeit ebenso wie zur Rückverfolgbarkeit und Lebensmittelsicherheit werden garantiert. Die Verwendung von pflanzlichen Futtermitteln anstatt Fischmehl wird ausdrücklich unterstützt.

http://bap.gaalliance.org

FRIEND OF THE SEA

Es ist der einzige Standard, der nachhaltige Fischerei und Aquakultur gleichermaßen abdeckt. Die zugrunde liegenden Kontrollkriterien orientieren sich an den FAO-Richtlinien für nachhaltige Fischerei.

www.friendofthesea.org/de

NATURLAND

Der Naturland-Verband hat Richtlinien für verschiedene Arten und Haltungssysteme der Aquakultur entwickelt und gilt somit als Vorreiter der Öko-Zertifizierung in der Aquakultur. Im Gegensatz zum staatlichen Öko-Siegel darf nur nach Naturland-Richtlinien zertifiziertes Futter zum Einsatz kommen.

www.naturland.de

MEIN BACKGROUND

Nach fast 20 Jahren in meinem erlernten Beruf als Koch habe ich beschlossen, meinen Weg in eine mir bis dahin unbekannte Richtung zu lenken, und zwar zum Kundenbetreuer in der Fischbranche. Die Firma EISVOGEL Hubert Bernegger GmbH begleitet meinen Lebensweg nun seit 2008. Es war im Nachhinein gesehen eine gute Entscheidung. Heute leite ich die Abteilung Verkauf Gastronomie für Österreich und bin auch gleichzeitig für den Einkauf von frischen Fischen aus der ganzen Welt mit verantwortlich. Die Firma EISVOGEL ist für mich nicht nur Arbeitgeber, sondern sie ist auch seit vielen Jahren Sponsor und Unterstützer meines Grillteams „Goli & Chef Partie". Einen Chef zu finden, der ein so zeitintensives Hobby nicht nur erlaubt, sondern sich auch noch aktiv daran beteiligt, war schon eine gute Sache. Auch dieses Buch wurde von der Firma EISVOGEL aktiv unterstützt, alle Fische und Meeresfrüchte, die ich für die Zubereitung der Rezepte sowie für die Fotos zu den einzelnen Arbeitsschritten benötigt habe, wurden mir kostenlos zur Verfügung gestellt, wofür ich sehr dankbar bin.

Weitere Informationen zu EISVOGEL finden Sie auf den Seiten 158/159.

Eine moderne Fischzucht- und -verarbeitungsanlage; im Vordergrund Hälterungsbecken und Anlieferung von Lebendfischen, rechts Naturteiche (am Beispiel von Eisvogel im oberösterreichischen Molln/Breitenau)

Bruthalle; nachdem die Setzlinge ein Gewicht von ca. 8-10 g erreicht haben, kommen sie in Naturteiche.

Fischmeister Christian Schutti füttert per Hand.

FISCH KAUFEN UND RICHTIG LAGERN

WO ICH FISCH KAUFE

Nicht nur die Zubereitung von Fisch erfordert besondere Aufmerksamkeit, auch der Fischeinkauf selbst ist ein nicht ganz leichtes Unterfangen. Es ist oft schwieriger, Fisch von guter Qualität zu bekommen als beispielsweise ein gut abgehangenes Teilstück vom heimischen Rind. Wenn man nicht in Meeresnähe lebt, sind die Transportwege von Meeresfischen zudem auch nicht zu unterschätzen. Generell sind die Meere rund um Europa sehr stark befischt und einige Fischarten werden bereits rar. Auch wild gefangene Süßwasserfische wie Forellen und Saiblinge sind meistens nur regional bei Fischern zu bekommen, der Großteil dieser Fische, die bei uns im Handel erhältlich sind, wird seit langem aus Aquakulturen gewonnen. Ich sehe das nicht als Nachteil, was die Frische betrifft, denn Süßwasser- und Meeresfische aus Aquakulturen werden termingerecht geschlachtet, verarbeitet und verpackt, danach gelangen sie auf dem schnellsten Weg in den Handel.

Christoph Gollenz und Elmar Fetscher auf einem Fischmarkt auf Mallorca

Fische aus Wildfang sind je nach Größe des Fangschiffes mehrere Tage unterwegs, werden dann bei Auktionen von Großhändlern und Importeuren erstanden, weiterverarbeitet und verpackt und danach per LKW in die Zielländer gebracht. Diese Fische werden sehr oft noch in kleinere Verkaufseinheiten umgepackt und gelangen erst dann in den Handel. Wenn ich die Wahl habe, auf Zucht- oder Wildfang zugreifen zu können, würde ich in den meisten Fällen zum Fisch aus Zuchtbetrieben greifen.

In diesem Buch stammen sehr viele Fische aus Aquakulturen oder Zuchtfarmen, bei Fischen, die ausschließlich als Wildfang angeboten werden, habe ich darauf geachtet, keine bedrohten Arten zu verwenden. Als Verkaufsleiter für den Gastronomiebereich in der Fischbranche sitze ich natürlich an der Quelle. Süßwasserfische wie Forellen, Saiblinge, Huchen, Karpfen, Störe usw. werden täglich frisch geschlachtet und auf Wunsch auch filetiert. Meeresfische wie Goldbrassen, Wolfsbarsche, Lachse, Seeteufel usw. werden zwei- bis dreimal pro Woche auf Eis geliefert. Ich kann also aus einer riesigen Auswahl von Fischen, Fischfilets, Muscheln, Krusten- und Weichtieren wählen und bekomme meine Bestellung innerhalb weniger Stunden ins Büro geliefert. Das ist natürlich ein besonderes Privileg, das nicht jeder genießt.

WO EMPFEHLE ICH FRISCHEN FISCH ZU KAUFEN

Wer die Möglichkeit hat, sollte seinen Fisch fangfrisch direkt ab Teich bei einem Fischzüchter kaufen, das Angebot ist aber auf Süßwasserfische begrenzt. Ein auf Fisch spezialisierter Fachhändler bietet ein sehr großes Sortiment von heimischen und internationalen Fischen an, natürlich auch eine gute Beratung und er übernimmt sehr gerne diverse Vorbereitungsarbeiten, wie Ausnehmen, Filetieren, Portionieren oder Verpacken in Eis, damit beim Transport nach Hause die Kühlkette nicht unterbrochen wird. Dieser Service ist sehr wertvoll und sollte einen vielleicht etwas höheren Kaufpreis auf jeden Fall rechtfertigen. Viele Supermärkte bieten in der Frischfischabteilung nicht ganz so viel Auswahl, aber ein durchaus sehenswertes Sortiment von frischen Fischen und Meeresfrüchten an, das Personal ist bestens geschult und auch die Beratung und der Service sind ähnlich wie im Fischfachhandel sehr gut.

Garnelen und Meeresfrüchte können Sie auch tiefgekühlt kaufen, ebenso Dorsch-, Kabeljau- und Zanderfilets. Bei Tiefkühlprodukten werden die fangfrischen Fische und Meeresfrüchte sofort nach der Verarbeitung schockgefrostet und verpackt. Beim Kauf achte ich auf den Glasuranteil, der wenn möglich nicht mehr als 10 % ausmachen sollte.

> Generell sollte jede Frischfischtheke einen sauberen, gepflegten Eindruck machen, die Fische sollten als frische Ware erkennbar sein und gut gekühlt auf Eis liegen, bei bereits verpackter Ware unbedingt auf das Mindesthaltbarkeitsdatum achten. Frischer Fisch oder Fischfilets sollten mindestens noch 2 Tage ab dem Kauf haltbar sein.

WANN SOLLTE MAN FISCH KAUFEN

So spät wie möglich, zuerst alle anderen Zutaten für die Grillparty besorgen und erst am Ende des Einkaufs in die Fischabteilung gehen. Ist der Fisch gekauft, sollte er so schnell wie möglich nach Hause in den Kühlschrank kommen. Bei längeren Wegen empfehle ich den Transport auf Eis oder in einer Kühlbox.

DIE FRISCHE BEI FISCHEN ERKENNEN

Klare Augen stehen für frische Qualität.

Leider ist es sehr oft nicht möglich, die nachfolgenden Punkte zur Frische vor dem Kauf zu überprüfen, weil viele frische Fische und Fischfilets bereits verpackt sind. Das trifft vor allem auf den Selbstbedienungsbereich in Geschäften und Supermärkten zu, in diesem Fall muss man sich auf die Angaben des Etiketts verlassen, diese Daten sind aber sehr informativ: Neben der genauen Bezeichnung und dem Gewicht findet man viele Informationen zu Herkunft, Fanggebiet und Fangmethode, es ist angegeben, ob der Fisch aus Wildfang oder Aquakultur stammt und verschiedenste Gütesiegel wie ASC, MSC, AMA oder BIO werden mit diversen Logos gekennzeichnet. Aber das Wichtigste sind die Angaben darüber, wann der Fisch geschlachtet oder verpackt wurde und wie lange die Mindesthaltbarkeit noch gegeben ist.

Kauft man frischen Fisch in Bedienung, ist es in den meisten Fällen auch nicht möglich, das ausgewählte Produkt vor dem Kauf genau zu inspizieren, weil der Verkäufer Ihnen den Fisch zwar zeigen darf, aber auf keinen Fall ist es gestattet, den Fisch mit der Hand zu berühren oder daran zu riechen. Ein engagierter Verkäufer wird sicher einen näheren Blick auf Kiemen und Augen zulassen, wenn er von der Frische seiner Produkte überzeugt ist. Wenn dazu noch die Fischtheke einen sauberen und geordneten Eindruck hinterlässt, kann mit gutem Gewissen zugegriffen werden.

Keine Sorge: Fischverkauf oder Fischhandel ist ein ehrliches Geschäft, bereits beim Auspacken ist sofort festzustellen, ob ein frisches Produkt mit bester Qualität gekauft wurde. Passt die Qualität nicht, lassen Sie das auf keinen Fall auf sich sitzen. Ein Händler, der mit berechtigter Kritik einen Fisch zurückbekommt, wird sich zukünftig hüten, Ihnen einen älteren Fisch als frisch zu verkaufen.

Bei ganzen Fischen ist die Frische an folgenden Kriterien erkennbar:

- Die Augen sollten klar und nach außen gewölbt sein.
- Die Kiemen sollten tiefrot sein, nicht braun oder grau.
- Der Geruch sollte angenehm sein, frischer Fisch riecht nicht stark „fischig".
- Die Haut sollte fest und glatt sein, ist der Fisch schon älter, bekommt die Haut Falten und trocknet aus.
- Der Fisch sollte bei Daumendruck fest und elastisch bleiben, wenn eine tiefe Druckstelle zurückbleibt, ist er schon weich und somit auch älter.
- Die Flossen dürfen niemals verklebt und ausgetrocknet sein.
- Die Bauchhöhle sollte sauber ausgenommen sein. Wenn es doch Blutreste zu sehen gibt, müssen diese leuchtend rot glänzen, denn bei dunklen, bereits angetrockneten Blutresten ist der Fisch schon älter.
- Wenn der Bauchlappen nach außen gebogen wird, dürfen keine Gräten herausragen.

Dunkelrote Kiemen links, nach 5 Tagen ist die Farbe deutlich heller (rechts), aber noch in Ordnung.

Die Totenstarre setzt je nach Größe ein paar Stunden nach der Schlachtung ein.

Je tiefer und länger eine Druckstelle zurückbleibt, desto älter ist der Fisch.

Ist der Fisch bereits filetiert, wird es etwas schwieriger, aber auch bei Fischfilets gibt es einige Merkmale zu beachten:

- Das Filet sollte fest und elastisch sein.
- Der Geruch sollte angenehm sein.
- Die Stehgräten sollten nicht aus dem Filet herausragen.
- Die Stehgräten sollten beim Zupfen etwas Widerstand leisten, wenn sie sich ganz leicht herausziehen lassen, ist das Filet bereits älter.

WIE UND WIE LANGE IST FRISCH-FISCH LAGERFÄHIG

Im Idealfall landet der Fisch unmittelbar nach dem Fang, also noch am selben Tag, am Grill. Natürlich sollte nach dem fachgerechten Töten und Ausnehmen zumindest so lange abgewartet werden, bis sich die Totenstarre gelöst hat. Das dauert je nach Größe einige Stunden bis zu einem halben Tag. Macht man das nicht, wird sich der Fisch beim Grillen stark verkrümmen, was zwar ein Beweis für absolute Frische ist, aber es kann passieren, dass die Haut durch die Hitze aufplatzt oder das Fischmaul weit aufreißt, was optisch nicht so optimal ist.

Auf Eis oder gut gekühlt gelagert hält sich der Fisch ein paar Tage, danach beeinträchtigt jeder weitere Lagertag die Qualität. Fisch reift im Gegensatz zu Fleisch nicht in den ersten Tagen und Wochen, sondern er beginnt rasch zu verderben. Bei Schlachtfleisch von Landtieren ist die Reifung bei 0–2 °C für die Geschmacksbildung unbedingt erforderlich. Enzymatische Reaktionen laufen bei konstanter Kühlung langsamer ab, weil die Körpertemperatur von über 30 °C vor der Schlachtung auf wenige Grad über Null reduziert wird. Bei Fisch hilft die Kühlung nur bedingt, denn Fische sind von Natur aus Kühlschranktemperaturen gewohnt und ihr Organismus „arbeitet" auch unter diesen Bedingungen. Deshalb wirken Fischenzyme weiter, wenn der Fisch auf Eis liegt. Jedoch werden die Endprodukte nicht mehr durch den Stoffwechsel abtransportiert, sondern verbleiben in der Muskulatur, zersetzen das Muskelgewebe und sorgen für die Entstehung von Fehlaromen.

Fische richtig lagern

- Die Lagertemperatur sollte maximal +4 °C nicht übersteigen, besser wären +2 °C.
- Der Fisch sollte am besten luftdicht (vakuumverpackt) oder zumindest in einem dicht verschließbaren Behälter gelagert werden.
- Süßwasserfische können nach der Schlachtung bei +2 °C bedenkenlos bis zu einer Woche gelagert werden.
- Bei Meeresfischen gilt das Gleiche, aber bis diese bei uns in den Handel gelangen, vergehen mindestens vier Tage, die bei der weiteren Lagerung bereits miteinzurechnen sind.
- Wenn Fisch oder Fischfilets mit Eis gelagert werden, darauf achten, dass sie nicht direkt im Eis liegen. Eine Plastikfolie zwischen Eis und Fisch verhindert, dass das empfindliche Fischfleisch vom Schmelzwasser ausgelaugt wird.
- Frischer Fisch verliert beim Lagern Flüssigkeit, und zwar bis zu 5 % des Gewichts pro Tag.
- Wenn der Fisch zu lange gelagert wurde und sich bereits ein unangenehmer Geruch gebildet hat, sollte auf den Verzehr verzichtet werden.

FISCHE AUSNEHMEN UND FILETIEREN

EINEN RUNDFISCH AUSNEHMEN

Am Beispiel eines Zanders aus Aquakultur möchte ich hier Schritt für Schritt zeigen, wie ein Fisch richtig ausgenommen wird.

Fische mit Schuppen am besten vor dem Ausnehmen schuppen, es geht einfach besser, wenn der Bauch noch geschlossen ist. Als Werkzeug eignet sich ein Fischschupper sehr gut, es geht aber auch mit einem großen Messer. Die Schuppen vom Schwanzende beginnend in Richtung Kopf abschaben. Danach den Fisch mit kaltem Wasser abspülen und mit Küchenpapier abtrocknen.

Den Fisch mit einem spitzen Messer von der Afteröffnung Richtung Kopf vorsichtig aufschneiden. Das Messer möglichst flach führen, um die Eingeweide nicht zu verletzen.

Bei größeren Fischen das letzte feste Stück vor dem Kopf mit einer Schere aufschneiden.

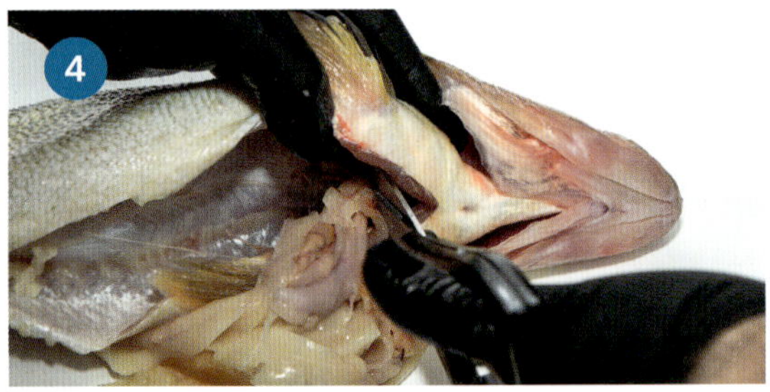

Mit den Fingern die Innereien von hinten nach vorne aus der Bauchhöhle lösen, am Schlund mit einer Schere abschneiden und herausnehmen.

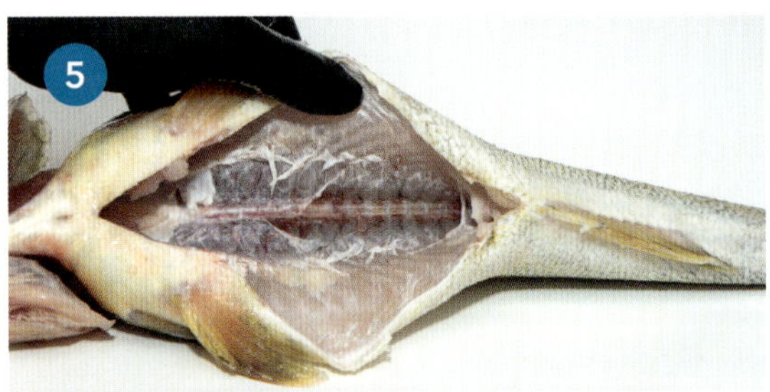

Die Bauchhöhle unter fließendem Wasser ausspülen, dabei die an der Wirbelsäule entlanglaufende dunkelrote, schlauchartige Niere mit einem Löffel oder dem Daumennagel herausschaben. Nochmal gründlich ausspülen, dann kann der Fisch im Ganzen zubereitet werden.

EINEN RUNDFISCH FILETIEREN

Den Fisch mit dem Kopf nach links und dem Rücken zu Ihnen auf ein Schneidbrett legen.

Mit einem scharfen, schmalen Messer hinter der Kiemenöffnung schräg zum Kopf hin bis zur Mittelgräte einschneiden.

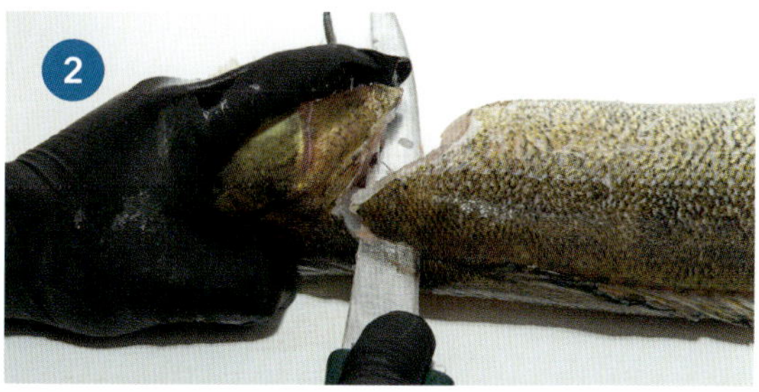

Nun die Messerklinge im Schnitt Richtung Schwanzende drehen und vorsichtig direkt an der Mittelgräte entlang zum Schwanzende hin das erste Filet von der Karkasse schneiden.

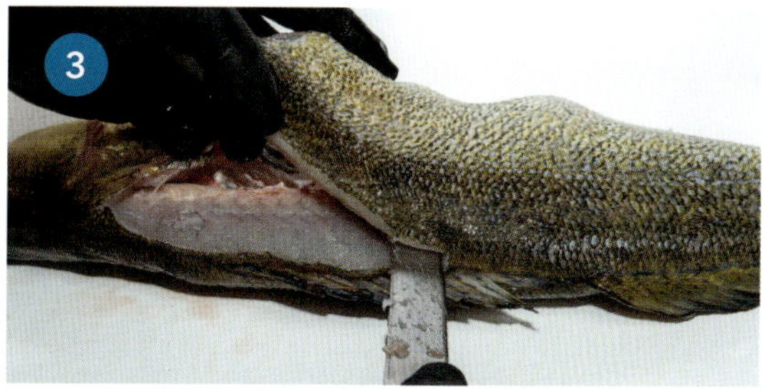

Im vorderen Teil müssen dabei die Bauchgräten durchtrennt werden, das Messer sollte im gesamten Arbeitsschritt den Kontakt zur Mittelgräte nicht verlieren.

Jetzt den Fisch drehen, der Kopf bleibt dabei zur linken Hand gerichtet, aber der Bauch zeigt nun zu Ihnen. Das Messer wieder hinter der Kiemenöffnung schräg zum Kopf hin bis zur Mittelgräte führen, drehen und zum Schwanzende hin das zweite Filet von der Karkasse schneiden. Wie beim ersten Filet das Messer immer an der Mittelgräte entlangführen.

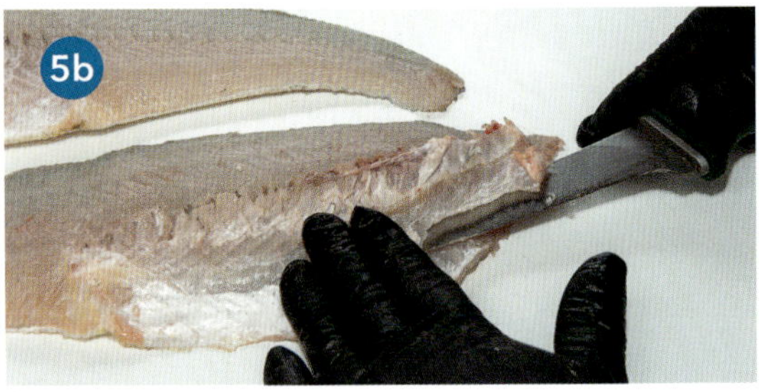

Als nächster Schritt müssen die Bauchgräten von den Filets entfernt werden, dabei das Messer in der Mitte des Filets unter die Gräten führen und die Gräten zum Bauchlappen hin ganz flach über dem Filet wegschneiden.

Ich persönlich schneide in diesem Schritt den fetten Bauchlappen samt Bauchgräten von den Filets ab.

Die verbleibenden Stehgräten mit einer Grätenzange aus den Filets ziehen, mit dem Finger kontrollieren, ob noch Gräten im Fleisch stecken, indem man vom Kopf Richtung Schwanzende über das Filet streicht.

Wenn man Filets ohne Haut benötigt, die Filets mit der Hautseite nach unten hinlegen und knapp am Ende der Schwanzflosse schräg in Richtung des Kopfendes bis auf die Haut einschneiden.

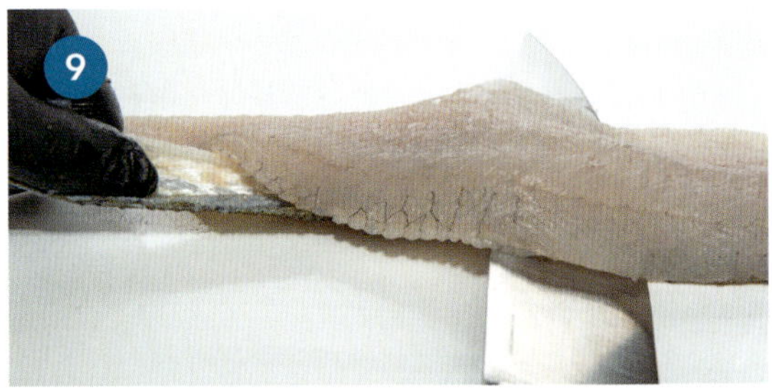

Nun das Hautende mit Küchenpapier festhalten, das Messer zwischen Haut und Fleisch führen und das Filet direkt auf der Haut in Richtung Kopfende herunterschneiden.

Das Messer dabei ganz flach auf der Haut führen, damit nicht zu viel Fleisch vom Filet verloren geht, ich verwende für diesen Vorgang ein breites Messer.

EINEN PLATTFISCH FILETIEREN

Am Beispiel eines Steinbutts möchte ich hier Schritt für Schritt zeigen, wie ein Plattfisch richtig filetiert wird. Kleine Plattfische bis 500 g, wie Schollen, Rotzungen, Flunder und Seezungen, kann man auch sehr gut im Ganzen zubereiten. Bei großen Plattfischen über 2 kg, zum Beispiel Steinbutt, Glattbutt oder Heilbutt, ist das auch möglich, aber filetiert ist die Zubereitung am Grill sicherlich einfacher und man erspart sich das Tranchieren des Fisches vor den Gästen. Egal ob große oder kleine Plattfische filetiert werden, der Ablauf ist immer der Gleiche, mit einer Ausnahme: Bei kleinen Plattfischen wird zuerst die Haut abgezogen, bei großen Fischen häutet man die Filets.

Das Filetiermesser sollte sehr scharf, aber biegsam sein, dieser Steinbutt ist bereits ausgenommen. Den Fisch mit dem Kopf nach links und der weißen Seite nach unten auf ein großes Schneidbrett legen.

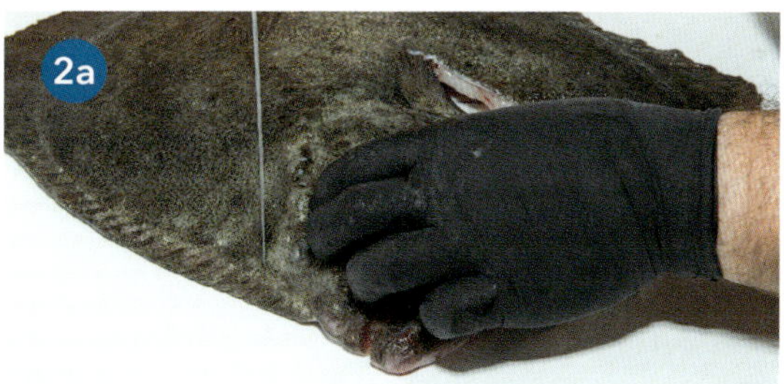

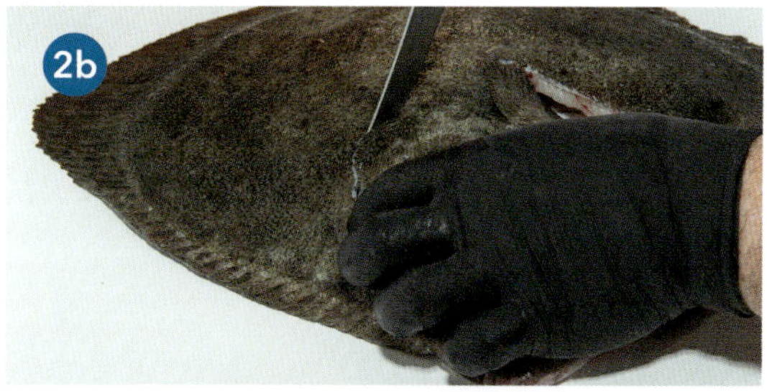

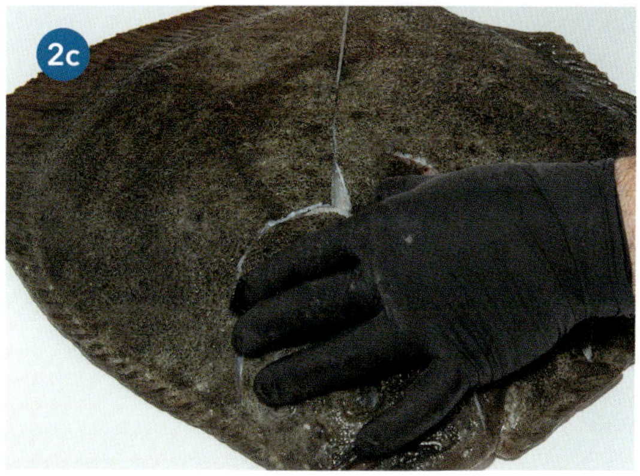

Das Messer direkt über den Augen, wo der Flossensaum beginnt, am Rand des Kopfes ansetzen und am Kopf entlang bis zur Mitte schneiden, auf der gut sichtbaren Seitenlinie bis zum Schwanz hin wird der Schnitt dann weitergeführt. Das Messer wird genau auf der Mittelgräte geführt und trennt Haut und Fleisch bis zum Knochen. Es wird nur bis auf die Gräte eingeschnitten, auf keinen Fall versuchen, den Fisch durchzuschneiden!

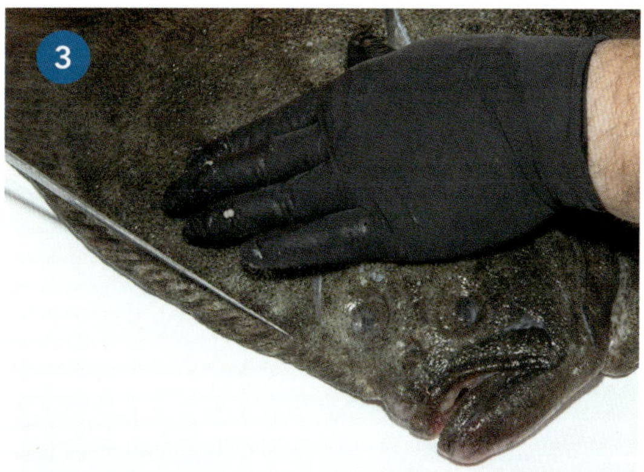

Als Nächstes die Haut und das Fleisch entlang des Flossensaums einschneiden, sonst lassen sich die Filets nicht abheben.

Jetzt beginnt man in der Mitte das Messer unter das obere größere Filet zu führen und schneidet ganz flach direkt auf der Gräte bis zum Rand, bis das ganze Filet abgelöst ist. Bei diesem Vorgang mit der linken Hand das Filet nach oben halten.

Das untere etwas kleinere Filet auf dieselbe Weise von der Karkasse ablösen.

Den Fisch umdrehen: den Kopf nach links schauen lassen, die weiße Seite kommt nach oben. Am Kopf beginnend wieder an der Seitenlinie entlang bis zum Schwanz die beiden Filets trennen. Auch auf dieser Seite Haut und Fleisch entlang des Flossensaums einschneiden. Die beiden Filets genauso wie auf der dunklen Seite von der Karkasse lösen.

Die Filets mit der Haut nach unten auf die Arbeitsfläche legen. An den hinteren Enden mit dem Messer zwischen Haut und Fleisch einschneiden und das Messer ganz flach unter das Fleisch führen und die Filets vorsichtig von der Haut trennen, dabei das Messer ganz flach auf der Haut führen, damit nicht zu viel Fleisch von den Filets verloren geht, ich verwende für diesen Vorgang ein breiteres Messer.

Nun noch den Flossenrand und eventuell vorhandene braune Stellen wegschneiden und die Filets gleichmäßig portionieren.

GRILLGERÄTE UND ZUBEHÖR

GRILLGERÄTE

Das Grillen von Fisch und Meeresfrüchten ist auf allen Grillgeräten möglich, Portionsfische können sogar ohne Grill zubereitet werden. Das beste Beispiel sind die Original „Stanglfische" (S. 134), die nicht einmal einen Grillrost benötigen, sondern auf ein Stangl (= Holzstecken) gespießt direkt über der heißen Glut gegrillt werden. Für diese Grillmethode braucht es nur ein paar Ziegelsteine im richtigen Abstand und etwas Grillkohle. In geschlossenen Grillsystemen ist natürlich viel mehr möglich, welcher Grill für welche Zubereitungsart am besten geeignet ist, beschreibe ich in diesem Kapitel.

DIREKTGRILL

Ein Direktgrill ist ein offenes Grillsystem, bei dem direkt über der Glut oder einer anderen Hitzequelle (Holzkohle, Gas oder Strom) gegrillt wird. Da Direktgrills keine Grillhaube haben, sind sie für die Zubereitung von großen Fischen wie Lachs nicht sehr effizient. Die wahre Bestimmung ist natürlich das direkte Grillen von Portionsfischen, Fischfilets und -würsten oder Fisch-Burgern. Das Grillgut muss zumindest einmal gewendet werden. Gussroste müssen meistens als Zubehör zusätzlich gekauft werden.

KUGELGRILL

Mit einem **Holzkohlekugelgrill** ergeben sich viele Möglichkeiten, Fisch & Co. am Rost zuzubereiten: direktes und indirektes Grillen, Heiß- und Kalträuchern, Plankgrilling, Grillen im Backpapier, in Alufolie und noch viele weitere Zubereitungsarten sind umsetzbar. Es gibt Modelle zwischen 30 und 100 cm Durchmesser, alle haben jedoch eine Haube, einen Grillrost und einen Kohlerost. Bei teureren Modellen sind Ascheauffangbehälter, Deckelthermometer, Kohlekörbe, Deckelscharniere, Ablagen und komfortable Gummiräder Standard. Ablagen, Gussroste, Töpfe, Wokpfannen, diverse Halter und Halterungen für Grillzangen sowie für die Beleuchtung sind im Grillfachhandel als Zubehör erhältlich.

Gaskugelgrills sind ähnlich oder gleich ausgestattet, aber trotzdem etwas teurer. Einige Gaskugelgrillsysteme haben den Vorteil, dass auch beim indirekten Grillen fast die gesamte Grillfläche benutzt werden kann. Das wird durch Trichter oder Thermoplatten ermöglicht, die verhindern, dass Fett in die Flammen tropft und gleichzeitig wird die Temperatur gleichmäßig im Grill verteilt. Ich grille mit dem Kugelgrill - egal ob direkt oder indirekt - immer mit geschlossener Grillhaube.

GASGRILL

Im Gegensatz zum Holzkohlegrill sind die Aufheiz- und Abkühlzeiten beim Gasgrill wesentlich kürzer, was ihn zum idealen Grill für schnelle Grilleinsätze macht. Bei Gasgrillstationen im mittleren Preissegment sind mindestens drei separat regelbare Brenner verbaut.

Meistens ist noch ein weiterer Brenner (**Side-Burner**) in der Seitenablage integriert - dieser kann wie eine Herdplatte für die Zubereitung von Saucen und Beilagen benutzt werden. Auch Gussroste sind bereits bei vielen

Modellen serienmäßig verbaut, diese sind ideal, um Fische und Fischfilets direkt am Rost zu grillen, da ein Ankleben fast nicht möglich ist. Auch das Räuchern von Fischen ist in vielen Gasgrills möglich, spezielle Einschübe werden dabei mit Holzchips oder Räuchermehl befüllt und diese gezielt über einer kleinen Flamme verbrannt.

KERAMIKGRILL

Dieser Grill ist ein Alleskönner: Temperaturen von 60–400 °C, direktes und indirektes Grillen auf mehreren Etagen und auf der gesamten Grillfläche, die Möglichkeit, Räucherchips auf die Glut zu geben etc. Ähnlich wie im Kugelgrill sind fast alle Rezepte in diesem Buch auf einem Keramikgrill umsetzbar. Gegrillt wird nicht mit Grillbriketts, sondern mit gewöhnlicher Grillkohle und der Kohlenverbrauch ist dabei sehr gering.

BARBECUE-SMOKER

Smoker sind sehr einfach zu bedienen: Ein Feuer wird neben dem Garraum in der Brennkammer entfacht. Rauch und heiße Luft strömen dann durch die Garkammer und entweichen durch den Kamin. Bei Temperaturen von 90–130 °C wird das Grillgut indirekt über längere Zeit schonend gegart, herabtropfendes Fett kann nicht in die Glut tropfen und verbrennen. Je dickwandiger und schwerer das Gerät ist, umso präziser ist die Temperatur zu steuern und konstant zu halten. Als Brennstoff wird Holz verwendet, das gibt Fischen eine besondere Note. Ein Smoker ist perfekt zum Heiß- und Kalträuchern geeignet, bei großen Modellen können sogar ganze Lachse oder Lachsfilets hängend zubereitet werden.

PELLETSGRILL

Holzpellets als Brennstoff zum Grillen erfreuen sich immer größerer Beliebtheit. Das Grillen mit Holzpellets ist sauberer, sicherer und durch eine CO_2-neutrale Verbrennung auch umweltfreundlicher als das Grillen mit Gas, Grillbriketts oder Holzkohle. Weitere Vorteile sind die einfache Inbetriebnahme per Knopfdruck, ohne irgendwelche Anzündhilfen verwenden zu müssen, und die exakte Temperatursteuerung. Durch den einstellbaren Temperaturbereich von 80–370 °C sind Räuchern, Barbecuen, indirektes Grillen und im „Direct Flame Modus" auch direktes Grillen über offener Flamme möglich. Die Zubereitungsmöglichkeiten sind fast unbegrenzt: Fisch im Ganzen oder als Filet, als Strudel oder Pizza, in der Folie oder auf der Planke, direkt am Rost oder indirekt in drei Etagen zubereitet, alles ist in einem Gerät möglich.

WOK

Fisch und Meeresfrüchte haben in der asiatischen Küche eine große Bedeutung und werden schon seit jeher im Wok zubereitet. Durch die hohe Hitze in der Wokpfanne gelingt rasches Anbraten auf Anhieb und die Zutaten bekommen herrliche Röstaromen, bleiben aber dennoch saftig. Durch die kurze Zubereitungszeit bleiben wichtige Vitamine und Nährstoffe erhalten. Im Wok können Fisch und Meeresfrüchte nicht nur kurz gebraten (Pfannenrühren oder „stir frying" genannt), sondern auch frittiert, gekocht, gedämpft und sogar geräuchert werden. Auch Beilagen wie Wokgemüse, Reis oder Nudeln sind schnell zubereitet. Die Zubereitung von Speisen im Wok ist ein Erlebnis und der Geschmack eine Offenbarung.

DUTCH OVEN

Ein Dutch Oven ist ein dreibeiniger Topf aus Gusseisen mit einem fest schließenden Deckel und einem hochgezogenen Rand. Er wird unter diesem Namen in den USA und in Australien seit dem 18. Jh. sowohl zum Kochen als auch zum Braten und Backen über offenem Feuer verwendet. Aufgrund dieser Bauform ist es möglich, glühende Kohlen auf den Deckel zu legen, sodass der Topf von oben und unten beheizt wird und sich die Hitze im Inneren gleichmäßig verteilt. Karpfen in der Salzkruste, Wallergulasch, Lasagne mit Räucherlachs und Brokkoli gelingen perfekt im DO. Eine leckere Fischsuppe über offenem Feuer im DO zubereitet ist ein echtes Highlight, darum unbedingt ausprobieren.

ZUBEHÖR ZUM GRILLEN VON FISCHEN

Ein absolutes Muss für jeden Fischliebhaber, der direkt grillen möchte, ist ein **Gussrost**, der die Hitze perfekt speichert, auch das Klebenbleiben hat auf einem Gussrost keine Chance. Fast jeder Grillhersteller bietet Gussroste in verschiedenen Ausführungen und Größen als Zubehör an. Sollte keiner in der passenden Größe verfügbar sein, dann empfehle ich, nur einen Teil der Grillfläche mit einem kleineren Gussrost zu bestücken, den man auf den Seriengrillrost legt.

Eine **Gussgrillplatte** eignet sich auch sehr gut zum Fischgrillen. Besonders sehr weiche Fischfilets, wie Kabeljaufilet oder Reinankenfilet, aber auch Fischburger gelingen auf einer Platte besser als auf einem Rost. Auch für die Zubereitung von Kartoffelpuffern und anderen Beilagen sind Grillplatten perfekt geeignet.

Soll der Fisch den Grillrost nicht berühren, empfehle ich die Marke **Gourmet Fischgriller** mit einer großen Auswahl von **Fischhaltern**, die für Fische bis zu 1 m Größe geeignet sind. Der Fisch wird mit der Bauchseite nach oben unterhalb der Wirbelsäule aufgespießt und in einen Ständer eingehängt. Die Haut des Fisches bleibt dabei fast unversehrt und der Saft bleibt im Fisch. Es können je nach Modell mehrere Fische auf einmal gegrillt werden.

Zum schonenden Grillen von Fischfilets sind sogenannte **Wood Planks** (Grillbretter) sehr gut geeignet. Diese Holzplanken vor dem Grillen für mind. 2 Stunden in Wasser einlegen. Danach am Grill ca. 2 Minuten lang erhitzen (angrillen), mit gutem Öl bestreichen und die Fischfilets darauf platzieren. Im Grill neben der Glut mit geschlossener Grillhaube garen, der Fisch bleibt dabei sehr saftig. Beim Plankgrilling ist es auch möglich, z. B. eine ganze Lachsseite mit einer leckeren Senfkruste oder Kräuterkruste zu grillen und danach gleich auf der heißen Planke zu servieren.

Nicht nur auf Holz, sondern auch im Holz kann man Fisch und Fischfilets zubereiten. **Wood Papers** sind dünne Holzblätter, welche sich hervorragend zum Grillen in offenen und geschlossenen Grillsystemen eignen. Dabei wird das Gargut in das zuvor in Wasser eingelegte Grillpapier eingewickelt und schonend gegart. Das Grillgut bleibt sehr saftig, die verschiedenen Holzarten geben dem Gargut durch die ätherischen Öle im Holz einen einzigartigen Geschmack. Neben Fisch können auch Fleisch, Geflügel sowie Gemüse auf diese Weise zubereitet werden, auch die Optik beim Servieren ist einfach genial.

Salzplanken werden ähnlich wie Holzplanken verwendet, mit dem Unterschied, dass darauf auch direkt über der Glut gegrillt werden kann. Salzplanken sollten vor der Verwendung mindestens 10–15 Minuten aufgeheizt werden. Das Grillgut braucht nur wenig bis gar nicht gesalzen werden, weil es beim Grillen Salz von der Planke aufnimmt. Nach dem Grillen die Salzplanken abkühlen lassen, nur mit Wasser abwaschen und trocknen lassen. Eine Salzplanke kann je nach Dicke vielmal verwendet werden, wird aber nach jeder Reinigung dünner.

Auch das Räuchern ist in einem Kugelgrill sehr leicht, ich verwende dafür **Räuchermehl** oder **Wood Chips** bevorzugt aus heimischen Holzsorten wie Buche, Kirsche, Ahorn usw. Exotische Holzsorten aus Fernost oder Übersee verwende ich kaum, weil sie erstens sehr teuer sind und zweitens beträgt der Transportweg tausende Kilometer. Ich persönlich finde es nicht sinnvoll, Grillhölzer nach Österreich oder Deutschland zu importieren, wo z. B. Österreich fast bis zur Hälfte mit Wald bedeckt ist.

Eine **Räucherbox** mit Holzchips oder Räuchermehl gefüllt verwandelt auch einen Gasgrill in einen Barbecuegrill. Die Box wird dabei direkt auf einem Brenner platziert und erzeugt aromatischen Rauch, der den Geschmack des Grillguts merkbar verbessert.

Mit einem **Sparbrand-** oder **Kaltraucherzeuger** kann man problemlos Rauch erzeugen. Der Raucherzeuger wird z. B. mit Buchenräuchermehl befüllt und kann in jedem Grill oder Räucherofen verwendet werden. Mit einem kleinen Gasbrenner wird das Räuchermehl entzündet. Es verbrennt bzw. verglimmt zu 99 % – und das sehr langsam – und entwickelt je nach Größe und Modell bis zu 20 Stunden Kaltrauch, ohne dabei Kondenswasser zu bilden. Ein **Sparbrand** sollte aus Edelstahl gefertigt sein, verschiedene Größen und Modelle gibt es im Fachhandel; mit etwas technischem Geschick kann man sich so ein Gerät für wenig Geld auch selbst bauen.

Wenn man **Grillspieße** verwendet, kann man gleichzeitig mehrere Calamari, Austern, Muscheln oder Oktopusstücke auf einmal zubereiten und wenden. Spezielle Doppelspieße aus Edelstahl verhindern, dass sich das Grillgut beim Wenden verdreht. Durch die Länge von über 30 cm können auch größere Portionen gegrillt werden.

Mit einer **Burgerpresse** lässt sich gehacktes oder faschiertes Fischfilet schnell und einfach zu gleichmäßigen Pattys formen. Die Antihaftbeschichtung im Stempel sorgt dafür, dass beim Pressen nichts kleben bleibt. Anschließend müssen die Fisch-Burger nur mehr gegrillt und nach Geschmack zusammengebaut werden: Fertig sind echte selbst gemachte Burger für Genießer.

Mit einer großen runden **Grill-/Servierpfanne** gelingen nicht nur die spanische Paella, sondern auch ganze Fische, Hummer oder Scampi. Bei Krustentieren ist viel Geschmack in der Schale, das Olivenöl und die Butter bekommen beim Braten in der Pfanne ein besonderes Aroma.

Das breite horizontale Blatt des **Barbecue-Hebers XL** ist vor allem zum Heben von ganzen Fischen oder Fischhälften geeignet. Die massive, lange Ausführung sorgt für ausreichend Abstand zur heißen Kohle. Die angeschliffene Kante sorgt für müheloses Aufnehmen und Wenden des Grillguts.

Ein **Pizzastein** ist ein exzellenter Wärmespeicher. Eine unbehandelte, offenporige Oberfläche nimmt die Aromen auf und gibt sie wieder ab. Pizza und Brot werden besonders kross, wenn sie auf einem Pizzastein gebacken werden.

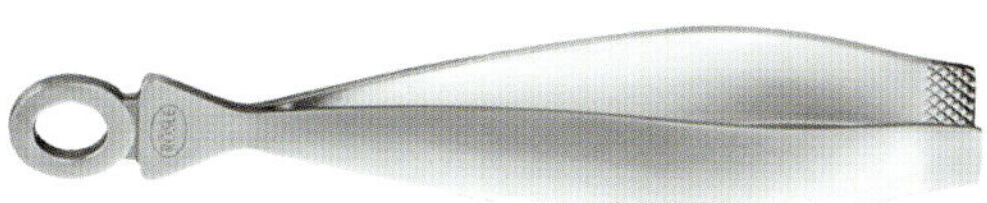

Eine vernünftige **Grätenzange** zum Zupfen der sogenannten Stehgräten sollte auch nicht fehlen.

Die **Barbecue-Muffinform** verwende ich für die Zubereitung von leckeren Shrimps-Muffins. Natürlich findet die Form auch für viele andere Gerichte ihre Verwendung.

Eine etwas breitere **Winkelpalette** eignet sich sehr gut zum Wenden von ganzen Fischen und Fischfilets.

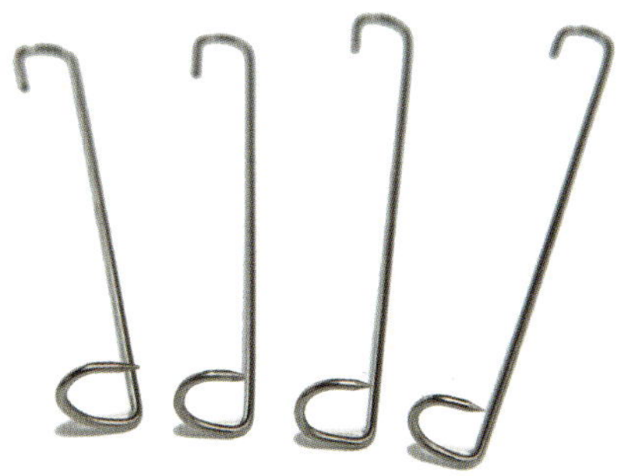

Wer Fische hängend räuchern möchte, braucht dafür unbedingt **Räucherhaken**, am besten rostfreie aus Edelstahl.

SÜSSWASSER-FISCHE

FORELLE

Die Forelle zählt zu den beliebtesten heimischen Speisefischen. Zu den Forellenarten gehören die Bachforelle, die Regenbogenforelle, die Seeforelle und die Lachsforelle. Die **Regenbogenforelle** (lat. *Oncorhynchus mykiss* oder *Parasalmo mykiss*) kommt in vielen Flüssen Russlands und auf dem amerikanischen Kontinent auf natürliche Weise vor, in Europa gibt es sie erst seit 1879.

Regenbogen-, Bach- und Seeforelle (v. o. n. u.)

In Österreich, damals noch Österreich-Ungarn, begründete Hans Köttl in Redl-Zipf in Oberösterreich 1863 die erste Fischzucht der k. u. k. Monarchie und begann Regenbogenforellen künstlich zu erbrüten und aufzuziehen. Diese Fischzucht wird noch heute, bereits in vierter Generation geführt. In Deutschland reichen die ersten Forellenzuchtbestrebungen ähnlich weit in die Vergangenheit zurück.

Wird das Futter der Regenbogenforelle mit Karotin angereichert, erhält das Fleisch eine rote Färbung und der Fisch somit die Handelsbezeichnung **Lachsforelle**. Die Größen von gezüchteten Forellen reichen von den sogenannten Portionsforellen mit 250 g bis zu einer Größe von über 4 kg pro Stück bei Lachsforellen. Die Filets bei so großen Fischen können als sehr gute Alternative zu Lachsfilets verwendet werden und sind zudem fangfrischer zu bekommen.

Während die Regenbogenforelle sich sehr gut für die Fischzucht eignet und hervorragend in Teichen gedeiht, bevorzugt die **Bachforelle** (lat. *Salmo trutta fario*) kaltes, fließendes Gewässer. Bachforellen besiedeln schnell fließende, sauerstoffreiche, kühle und klare Gewässer in fast ganz Europa. Die **Seeforelle** (lat. *Salmo trutta lacustris*) ist in großen, tiefen Seen heimisch, die Durchschnittsgröße liegt bei ca. 40–80 cm. Längen bis 140 cm und ein Gewicht bis 30 kg sind selten, aber möglich.

Die Forelle ist sehr **flexibel einsetzbar**, als Zubereitungsarten kommen Kochen, Braten, Dünsten, Beizen oder Räuchern und natürlich Grillen in Frage.

Karpfen

KARPFEN

Der Karpfen ist unter Gourmets ein umstrittener Speisefisch, ob man ihn mag oder nicht mag, bleibt Geschmackssache. Tatsache ist, dass der Geschmack stark von der Aufzucht und der Zubereitung abhängt. So müssen Karpfen auf jeden Fall nach dem Fang in frischem Wasser gehältert werden, da der sonst typische „schlammige" Geschmack erhalten bleibt. Dieser ergibt sich, da der Karpfen seine Nahrung am Teichgrund sucht, der oft von Algen verunreinigt ist.

Der Karpfen wird auch in der Zucht sehr groß und ist unkompliziert zu halten. Sein Fleisch ist mit nur ca. 4,8 % Fett relativ mager, aber nahrhaft, allerdings besitzt er auch viele Gräten. Durch sogenanntes „Schröpfen" – dabei werden die Karpfenfilets alle 3 mm bis zur Haut eingeschnitten – werden die Gräten zerkleinert und können bedenkenlos mitgegessen werden. Klassisch wird der Karpfen meistens **„blau" gekocht oder gebacken**, aber auch gegrilltes Karpfenfilet schmeckt lecker und ist sehr gesund.

SAIBLING

Der Saibling ist für viele Fischliebhaber einer der schmackhaftesten Fische. Sein Fleisch ist fest und von dezentem Geschmack. Leider ist der Bestand wilder Saiblinge in den letzten Jahrzehnten stark geschrumpft. Die Aufzucht von Saiblingen ist schwieriger als die von Forellen, da der Fisch nur unter besten ökologischen Bedingungen gedeiht. Nach seiner Herkunft unterscheidet man den Bach-, See- oder Wandersaibling.

Die Größe von **Bachsaiblingen** (lat. *Salvelinus fontinalis*) aus Aquakultur beträgt etwa 250–500 g, **Seesaiblinge** (*Salvelinus alpinus*) hingegen werden viel größer und wiegen sogar oft über 2 kg pro Stück. Wilde Seesaiblinge, wie sie nur in den Bergseen der Alpen vorkommen, erreichen dagegen nur eine Größe von ca. 15–25 cm. Die Seesaiblinge aus den Salzkammergutseen in Österreich gelten beispielsweise als wahre Delikatesse in dieser Region.

Saiblingsfilets können **gegrillt, gegart oder gedämpft** werden, während der ganze Fisch meist gebraten oder gegrillt serviert wird. Das besondere Plus des Saiblings ist sein hoher Eisengehalt, dadurch wird er zu einem wichtigen Bestandteil der gesunden Küche.

Bachsaibling (o.) und Seesaibling (u.)

Europäisches Welsfilet

Afrikanisches Welsfilet

WELS

Der **Europäische Wels** (lat. *Silurus glanis*) kommt in ganz Europa vor, außer in Portugal und an der Mittelmeerküste. In Skandinavien ist er nur in Südschweden verbreitet. Die natürlichen Lebensräume sind Seen, Flüsse, Moore oder Überschwemmungsgebiete, die zeitweise austrocknen, denn Welse können auch den Sauerstoff aus der Luft nutzen. Europäische Welse werden meist in Teichen, aber auch in Indoor-Aquakulturen gezüchtet. Der weiße Wels oder Waller ist ein hervorragender Speisefisch, was auf den angenehmen und süßlichen Geschmack zurückzuführen ist. Der **Afrikanische Wels** (lat. *Clarias gariepinus*) kommt ursprünglich aus Afrika und Teilen Asiens. Aufgrund des kühlen Klimas kann er in unseren Breiten nur in geschlossenen Gebäuden bei konstant warmen Raumtemperaturen gezüchtet werden. Die Wassertemperatur dieser speziellen Kreislaufanlagen beträgt konstant 28 °C, die Welse werden mehrmals täglich gefüttert und erreichen ihr Schlachtgewicht von ca. 1,5 kg in etwa 6–8 Monaten. Das Welsfilet hat eine rötliche Farbe, eine feste Konsistenz und einen milden, fleischähnlichen Geschmack. Rotes Welsfilet ist **völlig grätenfrei** und wird meistens ohne Haut angeboten.

HECHT

Der Hecht (lat. *Esox lucius*) ist einer der bekanntesten heimischen Süßwasserfische. Zur Hauptnahrung des gefräßigen Raubfisches zählt Fisch, wobei sogar Artgenossen nicht verschont werden. 5–8 kg Fisch benötigt er, um selbst 1 kg zuzunehmen. Ein ausgewachsener Hecht wiegt bis zu 30 kg.

Er hat sehr fettarmes, festes und helles Fleisch mit aromatischem Geschmack. Leider hat der Hecht zahlreiche Gräten, die durch ihre Y-Form fest im Fleisch verankert sind. Das Fleisch des Hechts wird daher vorzugsweise in Form von **Fischfarce** und Produkten daraus (z. B. Hechtnockerl) serviert.

Dafür cuttert man sein Fleisch und streicht es durch ein feines Sieb. So entledigt man sich der lästigen Gräten. Das Fleisch schmeckt aber auch sehr gut gebraten, pochiert oder gegrillt.

Hecht

Flussbarsch

FLUSSBARSCH

Der Flussbarsch (lat. *Perca fluviatilis*) oder „Egli" ist ein sehr schmackhafter Speisefisch, der sich für beinahe **alle gängigen Zubereitungsarten** eignet. Er braucht nicht viele Gewürze und auch die Beilagen brauchen kein großartiges Eigenaroma, denn dann kommt der köstliche Geschmack des Fisches voll zur Geltung. Flussbarsche kommen in ganz Europa vor und werden gewöhnlich zwischen 20 und 35 cm groß. Extrem große Exemplare können eine Länge von bis zu 60 cm erreichen. Der Flussbarsch hat nur wenige Gräten, die sich sehr leicht entfernen lassen, dafür lässt er sich umso schwerer schuppen.

ZANDER

Der Zander (lat. *Stizostedion lucioperca*) zählt eigentlich zur Familie der Barsche, wird aber oft als eigene Fischart wahrgenommen. Er ist ein Raubfisch, der sich von kleinen Fischen, darunter auch anderen Zanderexemplaren, ernährt. Sein weißes Fleisch ist zart, mager und fest zugleich, filetiert außerdem fast grätenfrei. Der Zander eignet sich im Ganzen hervorragend **zum Braten und Grillen**, auch das Filet auf der Haut gebraten schmeckt sehr gut. Wer einen frischen Zander bekommt, muss diesen vor der Zubereitung unbedingt schuppen, erst danach kann er weiterverarbeitet werden.
Der Zander ist auch in Mitteleuropa heimisch, aber nur sehr wenige der bei uns angebotenen Fische werden bei uns gefangen. Die meisten der frischen Zander im Kühlregal stammen aus Wildfang und kommen aus Holland, Deutschland, Polen, Estland, Dänemark oder Schweden. Die Rohware für tiefgekühlte Zanderfilets wird zum Großteil in Russland, Kasachstan und in der Türkei gefangen, diese wird noch vor Ort verarbeitet und tiefgekühlt und nach Europa exportiert. Die Größen von TK-Zanderfilets beginnen bei 120 g/Stk. und enden bei der Größe 800 g und mehr pro Filet. Ganze frische Zander werden in den Größen 0,5–1 kg, 1–2 kg, 2–3 kg, 3–4 kg und 4 kg und mehr gehandelt und sind im Vergleich zu tiefgekühlten Filets erheblich teurer.

In Holland und in Deutschland werden Zander auch in Aquakulturen gezüchtet; da die Aufzucht aber sehr aufwendig und schwierig ist, sind die Mengen von Zuchtzandern noch sehr gering, auch die Größe liegt bei maximal 1,5–2 kg.

Zander

Reinanke

REINANKE

Die Reinanke (lat. *Coregonus* subsp.) wird auch je nach Herkunft und Region Renke, Felche, Maräne oder Schnäpel genannt und ist eine Gattung innerhalb der Lachsfische. Die Reinanke ist beispielsweise mit der Äsche oder der Bachforelle verwandt. Dies zeigt sich durch das Vorhandensein der sogenannten Fettflosse zwischen der Rücken- und Schwanzflosse. Die einzelnen Arten der Reinanken lassen sich für Nichtbiologen nur schwer unterscheiden.

Reinanken bevorzugen kühle, saubere, sauerstoffreiche, tiefe Gewässer mit guter Wasserqualität und leben etwa im Bodensee, in Voralpenseen wie dem Walchen- und Chiemsee in Bayern, in den österreichischen Salzkammergutseen oder den meisten Kärntner Seen sowie in verschiedenen norddeutschen Seen. Einige Arten kommen auch im Salzwasser der Nord- und Ostsee vor.

Reinanken zeichnen sich durch ihr helles, festes, wohlschmeckendes Fleisch aus. Sie haben nur wenige Gräten und eignen sich perfekt **zum Braten, Grillen oder Räuchern**. Davor müssen Reinanken aber geschuppt werden, mit einer Ausnahme: Beim Heißräuchern werden die Fische nicht geschuppt. Kleinere Arten können auch roh mariniert werden. Wird die Reinanke fachgerecht zubereitet, bleibt ihr Fleisch sehr zart und geschmacksintensiv.

RIEDLING

(als Stanglfisch am Buchcover)

Der Riedling (lat. *Coregonus danneri*) ist ein seltener Süßwasserfisch aus der Familie der Forellenfische. Er ist in Mitteleuropa nur noch in einem Gewässer, dem Traunsee im oberösterreichischen Salzkammergut, zu finden. Es werden aber auch Vorkommen im russischen Baikalsee vermutet, aber es gibt dafür keine offizielle Bestätigung. Der Riedling bewohnt gewöhnlich die tieferen Bereiche zwischen 30 und 40 m. Der Fang des Riedlings ist nur auf die Berufsfischerei beschränkt. Da der Fang sehr schwierig und mit einigem (Kraft-)Aufwand verbunden ist, nehmen nur mehr wenige Berufsfischer diese Herausforderung an, legen ihre bis zu 200 m langen Netze in 40 m Wassertiefe aus und stellen dieser besonderen Delikatesse nach. Eine Nachzucht bzw. ein Besatz dieses Fisches ist nicht möglich, da zu wenig über die Lebensweise bekannt ist. Der Bestand des Riedlings ist aber nicht gefährdet.

Stanglfisch roh

MEERESFISCHE

LACHS

Der meistgekaufte Meeresfisch in Österreich ist mit großem Abstand der Lachs (lat. *Salmo salar*). Auch in Deutschland zählt er zu den beliebtesten Meeresfischen. Zwei bis drei Jahre braucht der norwegische Lachs, bis er 4–5 kg Körpergewicht erreicht und fertig ist für den menschlichen Konsum. Erst mit einem Jahr ist der Lachs stark genug, um vom Süßwasser in das Salzwasser der kalten Fjorde des norwegischen Meeres zu übersiedeln. Um 1 kg Lachs zu erhalten, braucht es ca. 1,2 kg Fischfutter. Demnach benötigt ein Lachs in seinem Leben etwa 6–7 kg Futter. Im Vergleich zu anderen Tieren ist das sehr wenig. Für 1 kg Schweinefleisch werden beispielsweise 3 kg Futter benötigt, 1 kg Rindfleisch erhält man sogar erst mit 8 kg Futter.

Rund 1 Million Tonnen Lachs werden allein in Norwegens Fischfarmen jedes Jahr produziert. Ebenfalls große Zuchtanlagen gibt es in Chile, vor Island, Irland, Schottland, den Färöer-Inseln, den USA und Kanada. Bei diesen großen Mengen Lachs, die jährlich produziert werden, stellt sich die Frage der Massentierhaltung. Die Fischdichte ist z. B. in Norwegen gesetzlich mit max. 200.000 Fischen pro Netzgehege streng reglementiert, um den Tieren ausreichend Freiraum zu gewähren. Das bedeutet gerade mal 2,5 % Fisch bei 97,5 % Wasser. Dabei hat jedes Netzgehege einen Umfang von bis zu 200 m und eine Tiefe von bis zu 50 m. Mit 450 km² werden nur ca. 0,5 % der 90.000 km² nutzbaren Meeresfläche Norwegens für Aquakulturen eingesetzt. Zum Vergleich: Wien hat eine Fläche von ca. 415 km², Köln von etwa 405 km².

Was macht den Lachs zum beliebtesten Meeresfisch? Durch den hohen Fettanteil von ca. 13,6 % ist der Lachs sehr leicht zubereitet und bleibt auch, wenn er zu lange gegart wird, sehr saftig. Lachs enthält besonders viele

Lachs

Omega-3-Fettsäuren, die helfen können, die Blutgefäße zu schützen und die Cholesterinwerte zu verbessern, sowie jede Menge Vitamine und gesundes Eiweiß. Lachsfilet, das bei uns im Handel erhältlich ist, ist bereits entgrätet, deshalb greifen auch Grätenphobiker und Fischmuffel sehr gerne zu. Sushi, Räucherlachs, Stremellachs (heiß geräuchert), gebraten, pochiert, gefüllt, umhüllt und natürlich gegrillt – die **Zubereitungsmöglichkeiten von Lachs sind fast unbegrenzt**.

Vor Jahren war Lachs noch eine Delikatesse, heute ist er fast überall erhältlich und bildet eine hervorragende Grundlage für besonders festliche Gerichte, aber auch für schnelle, gesunde Mahlzeiten des Alltags. Somit wurde der Lachs einer der beliebtesten Speisefische überhaupt.

KABELJAU

Den Kabeljau (lat. *Gadus morhua*) erkennt man an der hellen Seitenlinie, die an beiden Seiten vom Maul bis zur Schwanzflosse verläuft. Der durchschnittliche Kabeljau bringt bei 60 cm Körperlänge ca. 2,5 kg auf die Waage. Kabeljau wird das ganze Jahr über gefangen, der Skrei (nordostarktischer oder Winter-Kabeljau) wird nur von 1. Januar bis 30. April gefangen. Der Skrei wird großteils vor den nordnorwegischen Lofoten- und Vesterålen-Inseln gefischt.

Der Kabeljau hat ein mildes, weißes Fleisch, das sich mit vielen verschiedenen Arten von Beilagen und Gewürzen verträgt. Kabeljau schmeckt wie die meisten Seefische in den kühleren Jahreszeiten am besten, dann hat er besonders festes Fleisch. Kabeljau zerfällt leicht und sollte daher nicht in zu kleine Stücke geschnitten werden. Er ist sehr vielseitig und kann **gegrillt, gebraten, gedämpft oder roh als Sushi** genossen werden. Beim Grillen gelingt Kabeljaufilet leichter auf einer Grillplatte, am Rost grillen ist dagegen schwierig, außer man wickelt das Filet in Speck ein, damit es nicht zerfällt. Frisches Kabeljaufilet im Handel stammt fast zur Gänze aus nachhaltiger Fischerei und ist MSC-zertifiziert.

HEILBUTT

Der Schwarze Heilbutt (lat. *Reinhardtius hippoglossoides*), auch als Grönländischer Heilbutt bekannt, ist ein Plattfisch, der kalte Gewässer mit einer Temperatur bis 4,5 °C bevorzugt. Er lebt in Tiefen von 200–2.000 m, wird aber selten in Wassertiefen unter 400 m gefunden. Seinen Namen hat er aufgrund der dunklen, braun-schwarzen Färbung erhalten, die im Gegensatz zu anderen Plattfischen sowohl auf der Oberseite als auch auf der Unterseite seines Körpers vorhanden ist. Die beidseitig dunkle Färbung ist auch das unverkennbare Unterscheidungsmerkmal zu seinem engsten Verwandten, dem Weißen Heilbutt.

Schwarzer Heilbutt hat einen eher gestreckten Körper, der bis zu 120 cm lang und 15 kg schwer werden kann, er wird eher selten frisch angeboten, eignet sich aber ausgezeichnet **zum Grillen, Braten und Dämpfen**.

Kabeljaufilet

Goldbrasse

GOLDBRASSE

Hauptverbreitungsgebiet der Goldbrasse (lat. *Sparus aurata*) ist das Mittelmeer. Auch als Dorade, Sea bream oder Orata bekannt, gilt sie als „der" typische Mittelmeerfisch. Wild gefangene Goldbrassen sind bei uns nur selten zu bekommen. Durch die große Nachfrage und angesichts der Beliebtheit als Speisefisch wurde vor einigen Jahren begonnen, die Goldbrasse in Meeresgehegen zu züchten. Bedeutende Zuchtgebiete befinden sich heute in Griechenland, der Türkei und in Kroatien.

Wie andere Brassen hat auch die Goldbrasse einen hohen Rücken und einen seitlich zusammengedrückten Körper. Besonderes Kennzeichen der Goldbrasse ist der goldene Fleck auf beiden Wangen, dem sie auch ihren Namen verdankt. Das Fleisch der Goldbrasse ist relativ unempfindlich. Obwohl es ziemlich mager ist, wird es nicht leicht trocken. Es eignet sich hervorragend **zum Grillen**. Kleine Goldbrassen schmecken am besten, wenn sie im Ganzen gegrillt werden.

WOLFSBARSCH

Der Wolfsbarsch (lat. *Dicentrarchus labrax*), auch Loup de mer, Seabass oder Branzino, wird vor allem an der europäischen Atlantikküste gefischt. Sehr beliebt sind Wolfsbarsche aus der Bretagne. Nicht ganz so teuer, aber auch von bester Qualität sind Wolfsbarsche aus den Küstengewässern Hollands. Die Größen der gefangenen Fische variieren zwischen 1 und 5 kg pro Stück. Wild gefangener Wolfsbarsch ist wirklich teuer, Preise über € 30,- pro Kilo sind keine Seltenheit, filetiert natürlich noch einmal so teuer. Wem der Preis für diese edle Delikatesse aus Wildbestand zu hoch ist, der greift am besten zu seinem gezüchteten Gegenstück. Den besten Wolfsbarsch aus Aquakultur, mit Größen bis über 2 kg pro Stück, züchtet die kroatische Firma „Cromaris" mit Sitz in Zadar. Diese Fische sind meist auch innerhalb von 24 Stunden nach der Schlachtung bei uns im Handel. Die gängigsten Größen im Handel sind 300–400 g, 600–800 g und 1 kg und mehr pro Stück.

Das feine Fleisch des Wolfsbarschs ist fest und kleinfaserig, seine Filets lassen sich wunderbar **braten und grillen**, ohne dabei zu zerfallen. Die Haut wird außerdem beim Grillen besonders knusprig. Wichtig ist, den Fisch vor der Zubereitung zu schuppen und die Filets nicht zu lange zu grillen, damit das Fleisch nicht zäh und trocken wird. Wolfsbarsch in der Salzkruste ist ein echter Klassiker, die Hülle aus grobem Meersalz gibt dem Edelfisch nicht nur eine feine Würze und ein besonderes Aroma, sondern schützt ihn auch vor dem Austrocknen und macht ihn unvergleichlich saftig und zart.

STEINBUTT

Der Steinbutt (lat. *Scophthalmus maximus*) ist einer der edelsten Vertreter der Plattfische. Er sticht mit seiner diskusähnlichen, fast kreisrunden Körperform sofort ins Auge. Die Unterseite, auch Blindseite, ist weiß. Die Farbe der restlichen Haut wechselt regelmäßig. Ähnlich einem Chamäleon passt sich der Steinbutt an seine Umgebung an, um sich vor Feinden ver-

Wolfsbarsch

Steinbutt

stecken zu können. Seinen Namen verdankt der Steinbutt kleinen Höckern/Erhebungen auf seiner Haut, die kleinen Steinchen sehr ähneln. Ausgewachsene Steinbutte können eine Länge von bis zu 1 m, ein Gewicht von über 20 kg und ein Alter von über 20 Jahren erreichen.

Grundsätzlich ist der Steinbutt ganzjährig erhältlich, da er auch in Zuchtfarmen aufgezogen wird. Die beste Fleischqualität hat er jedoch in den kälteren Wintermonaten. Die gängigsten Handelsgrößen sind 1–2, 2–3, 3–4, 4–6 und 6–8 kg pro Stück, wobei der Preis je nach Größe auch umso höher wird. Steinbutt aus Aquakultur kommt maximal mit einer Größe von 4–5 kg in den Handel.

Das Fleisch des Steinbutts ist weiß, fest und hat einen leicht nussigen, unverwechselbaren Geschmack. Auf der Gräte oder **im Ganzen gegrillt** ist der Steinbutt ein echter Hingucker, erfordert aber vor den Gästen etwas Geschick beim Filetieren. Wird der Steinbutt vor dem Grillen filetiert (Seiten 23–24), erhält man vier Filets, dabei sind die der Oberseite etwas dicker bzw. fleischiger. Für vier Personen würde ich einen Steinbutt mit ca. 2 kg einkaufen.

THUNFISCH

Der Gelbflossen-Thunfisch (lat. *Thunnus albacares*) ist in tropischen und subtropischen Meeren weltweit zu finden und wird bis zu 200 kg schwer. Große Exportländer sind die Malediven, Sri Lanka und die Philippinen. Die Thunfische werden sehr schnell nach dem Fang geschlachtet, in Filetstücke – auch Loins genannt – mit ca. 2–3 kg portioniert und vakuumverpackt. Per Flugzeug kommt der Fisch zwei- bis dreimal pro Woche gekühlt nach Europa. Beim Einkauf sollte man auf die Farbe achten, diese sollte kräftig rot bis dunkelrot sein, ist die Farbe bereits bräunlich bis grau, bedeutet das zwar nicht, dass der Thunfisch zwangsläufig verdorben ist, aber dass das Stück bereits längere Zeit offen gelagert wurde. Ist der Thunfisch, z. B. durch Lagerung und Transport, über längere Zeit dem Sauerstoff in der Umgebungsluft ausgesetzt, wandelt sich der rote Muskelfarbstoff in eine unattraktive braune Farbe um.

Wenn möglich sollte daher frisches Thunfischfilet bereits beim Einkauf zuerst vakuumiert und am besten mit Crash-Eis gekühlt verpackt werden. Nach dem Kauf darauf achten, dass die Kühlkette nicht unterbrochen und der Fisch schnellstmöglich weiterverarbeitet wird. **Als Steak** ist Thunfischfilet hervorragend **zum Grillen** geeignet. Wichtig ist dabei, dass das Thunfischsteak nicht durchgegart werden darf. Der Fisch sollte lediglich außen kross und in der Mitte noch roh sein. Rohen Fisch mag aber nicht jeder. Das ist auch kein Problem, denn man kann ihn schonend nachgaren. Nach dem direkten Angrillen bei hoher Hitze für ca. 10 Minuten in einem geschlossenen Grill bei ca. 90 °C ruhen lassen. So gart der Thunfisch sanft weiter, wird aber nicht zäh.

Thunfischfilet, Sashimi-Qualität

GARNELEN UND ANDERE KRUSTENTIERE

Knackig, delikat und fein – mit diesen Attributen hat die Garnele schnell Einzug gehalten in der modernen Küche. Mit wenig Kalorien und einem hohen Gehalt an gesundem Eiweiß sind Garnelen eine ideale Zutat für leichte und aromatische Grillgerichte. Aufgrund ihrer Beliebtheit wächst die Nachfrage nach Garnelen stetig.

GARNELE ODER SCAMPI?

Die Benennung von Garnelen ist international uneinheitlich. In Österreich und Deutschland bezeichnet man im Allgemeinen große Garnelen als **Riesengarnelen** oder **King Prawns**. Garnelen mit Kopf nennt man oft **Gambas**, kleine Garnelen hingegen werden als **Shrimps** bezeichnet. Gleichbedeutend mit „Garnele" sind Namen wie **Gambas**, **Gamberi** und **Gamberetti** oder **Crevetten**. So heißen Garnelen jeweils auf Spanisch, Italienisch und Französisch. Fälschlicherweise werden Riesengarnelen auch sehr oft als Scampi bezeichnet, was aber nicht richtig ist.

Echte Scampi (auch Kaisergranaten) gehören zur Familie der Hummer mit ausgeprägten Scheren und breit gefächerten Schwanzflossen. Der Vorderkörper ist im Vergleich zu den Garnelen viel stärker entwickelt. Scampi bzw. Kaisergranaten werden ausschließlich wild gefangen, Garnelen auch in Aquakulturen gezüchtet. Wildgefangene Garnelen sind erheblich teurer als gezüchtete, zum Beispiel die **Rote Riesengarnele**, auch **Gamba Carabiniera** oder **Crevette royal** (lat. *Plesiopenaeus edwardsianus*), die eine der edelsten Seawater-Garnelen ist. Beheimatet ist sie in den subtropischen Küstengebieten von Brasilien, Madagaskar, des Senegals, des Kongo und von Angola und Guinea. Sie lebt in Tiefen von 500–700 m. Die feuerrote Tiefseegarnele ist eine kulinarische Kostbarkeit und wird von Gourmets sehr geschätzt.

KALT- ODER WARMWASSER?

Garnelen werden grundsätzlich in Kalt- und Warmwassergarnelen unterteilt. **Kaltwassergarnelen** entstammen den kühleren Gewässern der nördlichen Halbkugel. Sie leben in einer Tiefe von 100–250 m im Nordatlantik und Nordpazifik und wachsen über mehrere Monate vergleichsweise sehr langsam. Deshalb ist ihr Fleisch sehr zart und aromatisch. Mit einer Größe von bis zu 16 cm gehören **Tiefseegarnelen** (lat. *Pandalidae*) zu den größeren Sorten. Bekannte Tiefseegarnelen sind Grönland-, Nordmeer- und Nordische Garnelen. Kaltwas-

Tigergarnelen

Foto: © w. r. wagner/pixelio.de

sergarnelen sind deshalb relativ teuer. Beim Grillen und Braten verlieren sie nur wenig Substanz.

Warmwassergarnelen leben in wesentlich wärmeren Gewässern der südlichen Halbkugel, in Regionen wie Thailand, Malaysia, Indien, Vietnam und Südamerika. Sie wachsen schneller als Kaltwassergarnelen und sind im Geschmack etwas neutraler. Weil sie sich schneller vermehren und zwischen Laichen und Ausschlüpfen oft nur wenige Wochen liegen, eignen sich diese Tiere gut für den Zuchtbetrieb. Warmwassergarnelen können sehr groß werden, mit der Größe steigt aber auch der Preis.

SEA- ODER FRESHWATER?

Innerhalb der Warmwassergarnelen muss allerdings noch zwischen Sea- und Freshwater-Garnelen unterschieden werden. **Freshwater-Garnelen**, zu denen etwa die **Rosenberg-Garnele** (lat. *Macrobrachium rosenbergii*) zählt, verfügen über einen spindelförmigen, eher gedrungenen Körper und sind in Süßwassergebieten wie Seen, Flüssen und Brackwasser (Mischwasser zwischen Meerwasser und Flusswassergebieten) beheimatet. Die Färbung der Rosenberg-Garnele ist transparent-bläulich, die Größe bis 25 cm. Hauptverbreitungsgebiete sind neben Thailand Indien und Bangladesch, wo sie in Aquakulturen gezüchtet werden.

Seawater-Garnelen, wie z. B. die **Black-Tiger-Garnelen** (lat. *Penaeus monodon*), benannt wegen der getigerten Streifen am Körper, zeichnen sich hingegen durch einen eher lang gestreckten, schlanken Körper aus. Diese Warmwassergarnelen leben im offenen Meer oder werden in Salzwasseranlagen gezüchtet, sie erreichen eine Größe bis zu 35 cm.

Zuchtfarmen in indopazifischen Ländern, wie Thailand, Vietnam, Indonesien, Indien, den Philippinen, Malaysia und Myanmar, produzieren jährlich mehr als 650.000 Tonnen, was diese Riesengarnele zur Nummer eins auf dem Weltmarkt macht. Für die Zucht werden die Eier wilder Muttertiere in Brutstätten großgezogen. Es werden mehr Tiere aus Zucht als durch Wildfang vermarktet. Man geht aber davon aus, dass die Zuchtmengen von Black-Tiger-Garnelen in Zukunft sinken werden, da vielerorts **White-Tiger-Garnelen** (lat. *Litopenaeus vannamei*) diese als Zuchtgarnele ersetzen. Grund für den Wechsel ist vor allem die wesentlich geringere Anfälligkeit für Krankheitserreger, deshalb sind Vannamei-Garnelen viel unproblematischer zu züchten.

GRÖSSE VON GARNELEN

Die Größe von Garnelen ohne Kopf wird mit der englischen Handelsgewichtseinheit lib, kurz lb, bemessen und angegeben. Hierbei wird die Anzahl der Garnelen pro lb ausgewiesen. Mit abnehmender Zahl pro lb steigt die Größe der einzelnen Garnelen. 1 lb entsprechen 453,59 g. Garnelen mit Kopf und Schale werden meist in Stk./kg bemessen. Bei einzeln entnehmbaren Garnelen (IQF) ist aber der Glasuranteil zu beachten, dieser beträgt in den meisten Fällen ca. 20 %, das bedeutet, pro 1-kg-Beutel befinden sich nur 800 g Garnelen netto im Beutel.

Größe	Ohne Kopf Stück/1-kg-Beutel	Mit Kopf Stück/1-kg-Schachtel
U5	ca. 8-11	ca. 3-5
4/6	ca. 9-13	ca. 4-6
6/8	ca. 14-17	ca. 6-8
8/12	ca. 18-27	ca. 8-12
13/15	ca. 28-34	ca. 13-15
16/20	ca. 35-45	ca. 16-20
26/30	ca. 57-66	ca. 26-30
31/40	ca. 68-88	ca. 31-40
41/50	ca. 90-110	ca. 41-50

GÄNGIGE AUSDRÜCKE UND ABKÜRZUNGEN IM GARNELENHANDEL

Abkürzung	Erklärung
B. T.	Black-Tiger-Garnele
B/F - blockfrozen	zum Block gefrostet, meistens „real count"
CTO - cooked, tail on	gekocht, geschält und mit Schwanzflosse
frozen cooked	tiefgefroren und gekocht
frozen raw	tiefgefroren, nicht gekocht, roh
E. P. - Easy Peel	die Schale ist eingeschnitten und lässt sich leicht entfernen
FW - freshwater	Süßwasser
frozen count	die Stückzahl pro lb wird mit Glasur gezählt
H/L - head less, shell on	ohne Kopf mit Schale, auch o. K. m. S.
H/ON - head on	mit Kopf, auch m. K.
IQF - Individually Quick Frozen	einzeln schockgefrostet, lose rollend, mit Schutzglasur
lib - lb - pound	englisches Pfund (= 454 g)
O. T.	Ocean-Tiger-Garnele
PDC - peeled, deveined, cooked	geschält, entdarmt, gekocht
peeled	geschält
PUD - peeled undeveined	geschält, mit Darm
QF - Quick Frozen	rollend, mit Schutzglasur
real count	die Stückzahl pro lb wird ohne Glasur gezählt, das bedeutet, die Garnelen sind größer als beim frozen count
RPD - raw, peeled, deveined	roh, geschält, entdarmt
semi iqf	mit Schutzglasur, kontaktgefroren, nicht einzeln entnehmbar
SW - seawater	Meerwasser
T/O - tail on	mit Schwanzflosse, geschält

TIPPS ZUM UMGANG MIT GARNELEN

Garnelen eignen sich hervorragend für die bewusste Genussküche, denn das Garnelenfleisch ist ernährungsphysiologisch besonders wertvoll: Ein hoher Eiweißanteil, gepaart mit einem niedrigen Gehalt an Fettkalorien, angereichert mit lebenswichtigen Substanzen, wie Phosphor, Kalium und Kalzium, erfreut Körper und Seele. Wenn einfache Regeln beim Auftauen und Zubereiten eingehalten werden, steht dem leckeren Garnelengenuss nichts mehr im Weg.

AUFTAUEN

Beim Kauf von Garnelen greife ich generell zu tiefgekühlten Produkten, frische Garnelen sind bei uns sehr schwer zu finden. Vermeintlich frische Garnelen werden sehr oft im Vorfeld aufgetaut und müssten eigentlich mit dem Hinweis **„aufgetaut"** oder **„refreshed"** angeboten werden, ist das nicht der Fall, vor dem Kauf unbedingt nachfragen. Gefrorene Garnelen sollten dann langsam im Kühlschrank aufgetaut werden. Nach dem Auftauen sollten Garnelen möglichst schnell, das heißt innerhalb eines Tages, verwendet werden. Garnelen lassen sich sehr gut marinieren und auch im Vorfeld salzen schadet nicht, weil das Salz ins Fleisch einzieht und Wasser bindet.

ZUBEREITEN

Rohe Garnelen mit Schale eignen sich besonders gut zum **Braten und Grillen**. Auch Garnelenspieße sind ein beliebtes Grillprodukt. Wichtig ist es, Garnelen – egal ob mit oder ohne Schale – **nicht bei zu hoher Temperatur** zuzubereiten. Garnelen neigen sehr leicht zum Austrocknen, deshalb bestreiche ich sie beim Grillen mit flüssiger Butter. Ist der Grillrost zu heiß, verbrennt die Butter und das schadet dem Geschmack. Rohe Garnelen ohne Schale mit einer Knoblauchzehe, frischen Kräutern und ein bisschen Butter in der Pfanne zubereitet sind auch ein Gaumenschmaus. Auch hier gilt: Nicht zu heiß, damit die Butter nicht verbrennt. Garnelen im Wok mit asiatischen Gewürzen zuzubereiten ist auch eine Variante, seine Gäste zu überraschen. Die Verbindung von Garnelen mit Ingwer, Knoblauch, Chili und Sojasauce, abgerundet mit etwas Sesamöl, ist einfach genial und schmeckt super.

Gekochte Garnelen und Shrimps sind nach dem Auftauen verzehrfertig, sie sollten nur mehr kurz erhitzt werden, um ein Austrocknen zu verhindern. Kombiniert mit leckeren Dips wird das Garnelenvergnügen doppelt so groß. Empfehlenswert sind beispielsweise Cocktailsaucen, Saucen mit Curry oder Knoblauch, Aioli-Dips oder Kräutersaucen.

Kaisergranaten

Foto: © ExQuisine/Fotolia

ECHTE SCAMPI – KAISERGRANATEN

Der **Scampi oder Kaisergranat** (lat. *Metanephrops* subsp. bzw. *Nephrops norvegicus*) ähnelt vom Aussehen her dem Hummer, jedoch ist er deutlich kleiner und schlanker. Die länglichen, schmalen Scherenglieder sind beim Kaisergranat an den Innenseiten mit hellen Stacheln besetzt. Deutlich länger als die Scheren sind die extrem dünnen Antennen, mit denen er seine Nahrung ertastet. Seine Panzerglieder sind sehr stabil und laufen an den Seiten nach unten in Spitzen aus. Scampi sind lachsrosa gefärbt und diese Farbgebung verändert sich auch während der Zubereitung kaum.

Hummer, beim Zubereiten verfärbt sich der Panzer rot.

Foto: © w. r. wagner/pixelio.de

Scampi erreichen eine maximale Körpergröße von ca. 25 cm, erst nach drei bis fünf Jahren erreichen die Tiere ihre Geschlechtsreife. Nur jedes zweite Jahr vermehrt sich diese Krebsart, dann tragen die Weibchen bis zu 4.000 Eier unter ihrem Schwanz. Kühle und küstennahe Gewässer sind der bevorzugte Aufenthaltsort dieser Krustentiere. Sie halten sich tagsüber in einer Tiefe von 20–800 m in selbst gegrabenen Löchern auf. Nachts gehen Kaisergranaten auf Nahrungssuche.

Im Gegensatz zu Garnelen werden Kaisergranaten **immer wild gefangen**, vorwiegend mit Schleppnetzen direkt über dem Boden. Seltener werden Reusen und kleine Stellnetze für den Fang eingesetzt. Die Hauptfanggebiete liegen im Nordostatlantik. Die wichtigsten Fangregionen sind das dänische Skagerrak, die Küstengebiete von Schweden, Norwegen, Island, Schottland, Irland und Frankreich. Außerdem werden an den Atlantikküsten von Spanien und Portugal Scampi angelandet, ebenso wie im ganzen Mittelmeer. Die beste Qualität haben Tiere aus den kühlen Gewässern vor Island, Schottland und Irland. Scampi sind das ganze Jahr frisch erhältlich, aber leider verderben sie sehr schnell. Sind Scampi nicht mehr frisch, riechen sie nach Ammoniak und sollten nicht mehr verzehrt werden.

In unseren Breiten sollten Sie am besten tiefgekühlte Scampi kaufen, diese langsam auftauen lassen und noch am selben Tag zubereiten. Das helle, zarte und leicht süßlich schmeckende Schwanzfleisch der Scampi gilt als Delikatesse, die Scheren haben hingegen aus kulinarischer Sicht keine Bedeutung. Beim Würzen ist weniger mehr, das heißt, nicht zu viele Gewürze verwenden, die den feinen Eigengeschmack des Fleisches verfälschen. Die Scampi zu halbieren und **in der Schale zuzubereiten** schützt das Fleisch vor dem Austrocknen und gibt zusätzlich Geschmack. Wer glaubt, es ist zu viel Butter im Rezept auf Seite 92 – das stimmt schon: An den Scampi ist nicht viel Fleisch, aber die Butter schmeckt köstlich nach Röstaromen, Knoblauch und Kräutern, einfach mit frischen Baguettes aus der Grillschale tunken und genießen.

HUMMER

Der **Europäische Hummer** (lat. *Homarus gammarus*) bewohnt den Nordostatlantik und das Mittelmeer. Er hat große und breite Scheren und eine dunkle Körperfarbe. Die Farbe des Panzers kann, vor allem bei den Tieren aus der Nordsee, sogar teils blau sein. Der Europäische Hummer kann bis zu 60 Jahre alt werden, eine Körperlänge von 60 cm und ein Gewicht von 6 kg erreichen. Größen von 25–50 cm Länge sind bei uns erhältlich, und zwar als lebende oder tiefgekühlte Hummer. Das Fleisch des Europäischen Hummers ist sehr delikat und sollte nicht zu stark gewürzt werden. Am besten schmeckt dieses Krustentier **gekocht**, es lässt sich aber auch hervorragend **braten oder grillen**.

Die Heimat des **Amerikanischen Hummers** (lat. *Homarus americanus*) ist der nordwestliche Atlantik. Generell unterscheidet ihn nur wenig vom Europäischen Hummer. Als markantes Unterscheidungsmerkmal hat er einen Dorn an der Unterseite des Stirnhorns. Die Scheren des Amerikanischen Hummers sind oft etwas breiter und es gibt auch größere Exemplare auf dem Markt. Der Amerikanische Hummer wird großteils lebend nach Europa importiert und ist bei sachgemäßem Transport und sachgemäßer Lagerung dem Europäischen Hummer qualitativ ebenbürtig. Da aber Hummer, die in Hälterungen gelagert werden, keine Nahrung zu sich nehmen, kann es passieren, dass sie deutlich an Gewicht verlieren. Diese Tiere sind dann meistens auch schon sehr schwach und bewegen sich nur sehr langsam.

In Österreich ist die Hälterung von lebenden Hummern wegen Tierquälerei verboten worden, leider ist der Transport und Verkauf von lebenden Tieren aber nach wie vor erlaubt. Diese Gesetzeslücke wird z. B. von deutschen Großhändlern ausgenützt und es werden nach wie vor lebende Hummer über die Grenze nach Österreich geliefert. Viele Hummer verenden dabei bereits beim Transport. Ich persönlich verwende deshalb ausschließlich tiefgekühlte Hummer. Diese werden kurz nach dem Fang mittels eines speziellen Hochdruckverfahrens getötet und roh tiefgekühlt, dieses Verfahren nennt man **U**ltra **H**igh **P**ressure, kurz **UHP**. Im Handel werden UHP-Hummer in verschiedenen Größen im Ganzen, halbiert oder ausgelöst angeboten. Nur Hummerschwänze sind natürlich auch in mehreren Größen erhältlich.

Die Größen bei ganzen Hummern:

- 400-550 g = Chix
- 550-650 g = Quarter
- 650-800 g = Halves
- 800–1200 g = Select

Die Größen bei Hummerschwänzen:

- ab ca. 80-200 g pro Stück

Wer **tiefgekühlte UHP-Hummer** kauft, entscheidet sich für Top-Qualität und die Tiere mussten nicht tage- bis wochenlang leiden, bis sie auf dem Teller landen. Aus diesen persönlichen Gründen gibt es in diesem Buch auch keine Anleitung, wie lebende Hummer fachgerecht getötet werden.

LANGUSTEN

Langusten (lat. Palinuridae) leben in nahezu allen Meeren der Welt. Die **Europäische Languste** (lat. *Palinurus elephas*) kommt von Irland bis zum Bosporus vor und bevorzugt kaltes Wasser. **Rote Langusten** werden auch an der Atlantikküste Marokkos gefischt. Kaltwasserströmungen schaffen hier ideale Lebensbedingungen. Auch südlich von Australien um Tasmanien und Neuseeland tummeln sich diese eleganten Krustentiere. Die **Grüne Languste** (lat. *Panulirus gracilis*) bevorzugt wärmere Gewässer, also tropisches Klima. Gefischt wird sie u. a. im indischen Ozean. Die **Karibik-Languste** (lat. *Panulirus argus*) ist die kommerziell wichtigste Languste, sie ist im Ostatlantik von Brasilien bis North Carolina sowie in der Karibik und im Golf von Mexiko heimisch; die größten Mengen werden in Kuba, Brasilien und um die Bahamas gefangen.

Die Languste ist nach dem Hummer das teuerste Krustentier und das, obwohl nur das Hinterleibfleisch – **Langustenschwänze** – verwendet wird. Alle Langustenarten liefern qualitativ hochwertiges Fleisch. Im Gegensatz zum Hummer besitzt die Languste keine Scheren. Ihrem Schutz dienen Stacheln, die ihren Panzer bedecken. Der Körper ist graubraun gestreift mit gelben Flecken auf dem in mehrere Segmente unterteilten Schwanz. Beim Einkauf gelten für mich dieselben Regeln wie beim Hummer. Ich empfehle, hierzulande auf **tiefgekühlte Ware** zurückzugreifen. Langustenschwänze werden bei uns in verschiedenen Größen bis zu 550 g pro Stück angeboten. Auch auf das fachgerechte Töten von lebenden Langusten möchte ich in diesem Buch nicht weiter eingehen.

KRABBEN

Krabben zählen auch zu den Krustentieren, genauer gesagt zu den Kurzschwanzkrebsen. Dieser Name kommt daher, dass bei Krabben der für Krebse typische Hinterleib stark verkleinert ist und als Schwanzklappe unter dem Körper getragen wird. Alle kulinarisch relevanten Krabben bevorzugen kalte Gewässer und kommen entweder aus den sehr nördlichen oder südlichen Regionen des Atlantiks und Pazifiks. Das Fleisch der Beine und Scheren ist ein besonderes Geschmackserlebnis. Lebende Krabben findet man bei uns nur sehr selten auf dem Markt.

Eine spezielle Form von Krabben sind die sogenannten **Butterkrebse** oder **„Soft Shell Crabs"**. Es handelt sich hierbei nicht um eine eigene Krabbenart, sondern um Krabben, die unmittelbar nach der Häutung gefangen werden. Da der Panzer der Krabben nicht mitwächst, werfen ihn die Tiere von Zeit zu Zeit ab. In diesem Zustand sind die Krabben ganz weich und können **im Ganzen gebraten** und verzehrt werden. Das blütenweiße und zarte Fleisch schmeckt feiner als bei Krabben mit hartem Panzer. Der Zeitspanne für den Fang von Soft Shell Crabs ist auf wenige Stunden begrenzt, da ihre Haut im Wasser sofort damit beginnt, sich zu verfestigen.

Bei den Größen unterscheidet man:

- Cocktail = ca. 30 g/Stück
- Medium = ca. 40 g/Stück
- Hotel = ca. 55 g/Stück
- Prime = ca. 70 g/Stück
- Jumbo = ca. 90 g/Stück
- Whale = ca. 125 g/Stück

Die **Königskrabben** gehören zu den wirtschaftlich wichtigsten Krabben. Produkte der Königskrabben sind sehr teuer, bei uns kann man entweder nur die Beine, die Scheren oder das bereits gekochte und ausgelöste Fleisch dieser Delikatesse kaufen (Snow Crab Meat), alle diese Produkte sind tiefgekühlt erhältlich. Weitere Krabben, die bei uns im Handel erhältlich sind:

- **Seespinnen** aus dem französischen und spanischen Atlantik, auch aus der nördlichen Adria.
- **Taschenkrebse** aus dem Atlantik, aber auch aus dem deutschen Nordseegebiet.
- **Strandkrabben** kommen in allen europäischen Küstengewässern vor.

Soft-Shell-Krabben, küchenfertig vorbereitet

WEICHTIERE UND SCHALENTIERE

CALAMARI – KLEINE TINTENFISCHE

Die besten Calamari (lat. *Loligo gahi*) der Welt kommen aus Patagonien, das ist ein großer Landstrich im Süden Südamerikas, westlich und östlich der Anden gelegen, ein Drittel des Gebietes gehört zu Chile und zwei Drittel zu Argentinien. Teilweise im Pazifik, aber vor allem im Atlantik vor Patagonien finden sich riesige Vorkommen dieser schmackhaften Kopffüßer. Die Gewässer vor Patagonien sind ideal, um höchste Qualität hervorzubringen: Zum einen sind sie sehr nährstoffreich und andererseits sehr kalt, was ein langsames und schonendes Wachstum begünstigt. Die Calamari werden sofort nach dem Fang noch auf dem Schiff eingefroren, damit ist beste Qualität garantiert. Das Fleisch wird beim Grillen bissfest und bleibt trotzdem butterzart, nicht zu vergleichen mit günstigen Tintenfischen aus Asien, auch kalifornische Calamari können bei der Qualität nicht mithalten. Beim Einkauf immer auf die lateinische Bezeichnung achten, und wenn vermeintlich frische Calamari aus Patagonien angeboten werden, sind sie zu 100 % „Refresh", das bedeutet: aufgetaute Tintenfische. Verkauft werden „Calamari Patagonia" geputzt und ungeputzt als Blockware von 1 bis 10 kg pro Block, aber auch in 1-kg-Beuteln lose gefroren (IQF).

Die gängigsten Größen im Handel sind:

- C5 (8–10 cm)
- C4 (9–12 cm)
- C4 L (12–16 cm)
- C4 LL (14–17 cm)
- C3 (16–20 cm)
- C2 (20–24 cm)

Ich persönlich kaufe nur ungeputzte Calamari, das heißt mit Innereien, Schnabel, Augen und Rückgrat, dieses sieht aus wie ein längliches, dünnes, durchsichtiges Stück Plastik und steckt in der Tube des Tintenfisches.

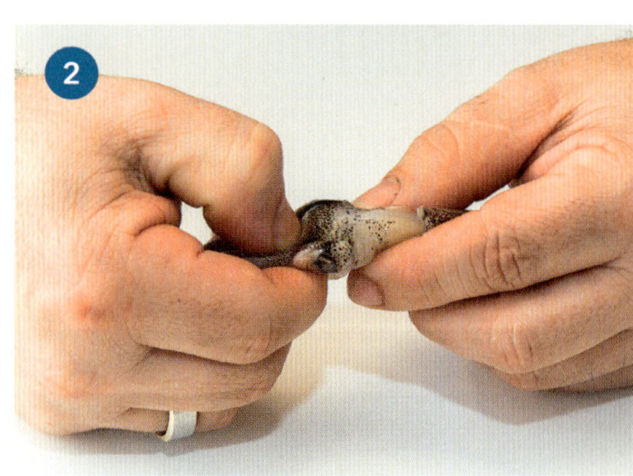

Die Calamari putzen, dazu die Tentakel unter den Augen mit dem Daumennagel abtrennen.

Den kleinen Schnabel aus der Mitte der Tentakel entfernen.

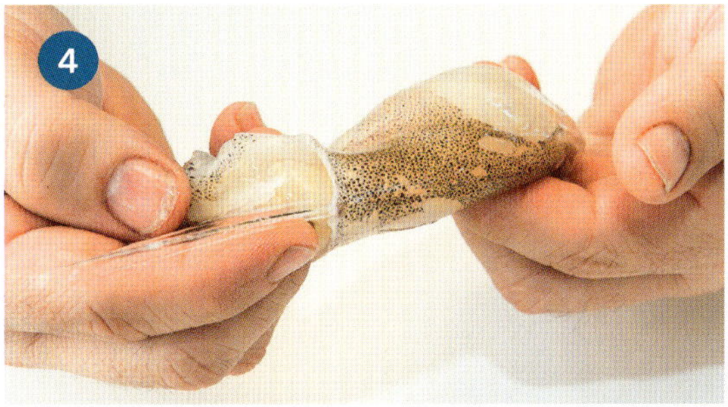

Den Schulp (sieht aus wie ein längliches Stück Plastik) aus der Tube herausziehen.

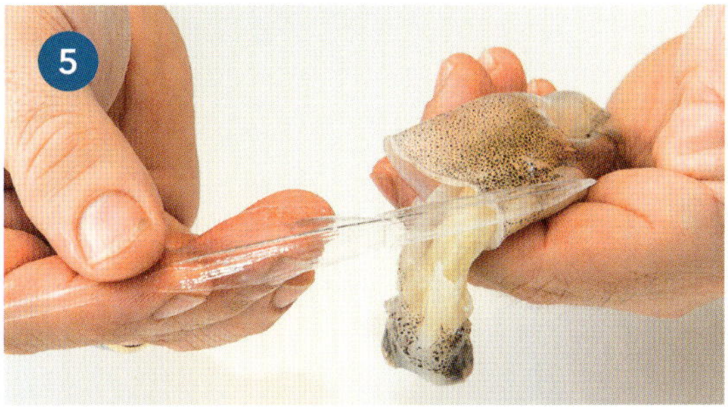

Den Kopf samt Innereien vorsichtig aus der Tube ziehen.

Tentakel und Tube – fertig geputzt

Oktopus, gegart

Foto: © w. r. wagner/pixelio.de

OKTOPUS (PULPO)

Der Oktopus (lat. *Octopus vulgaris*) kommt in allen Weltmeeren und Ozeanen vor. Auch bekannt als Pulpo, ist er in vielen Ländern ein äußerst gefragtes Lebensmittel. Der beste Oktopus kommt aus Marokko, das bekannt für seine großen Vorkommen von spitzenmäßiger Qualität ist. Der Oktopus hat unter den sogenannten Kopffüßern das kräftigste Fleisch.

Bevor man Oktopus grillt, sollte er **zuerst schonend gekocht oder gedünstet** werden, dabei wird er weich und zart und verfärbt sich dunkelrot. Zum Grillen eignen sich am besten seine Tentakel, diese können im Ganzen oder in Stücke geteilt knusprig am Rost zubereitet werden. Das Fleisch des Oktopus hat immer etwas Biss, ist weiß und mager. Roher Oktopus kann auch ohne Weiteres tiefgekühlt gekauft werden, durch das Einfrieren wird die Struktur des Fleisches aufgebrochen und das wiederum verkürzt die Zubereitungszeit. Viele Köche frieren sogar frischen Oktopus vor der Zubereitung ein, um diesen Effekt zu erzielen.

Zu beachten ist der hohe Garverlust bei der Zubereitung, ein roher Oktopus verliert beim Kochen fast die Hälfte seines Gewichtes. Es gibt auch bereits vorgekochten Oktopus im Ganzen oder nur gekochte Oktopusarme im Handel, diese sind zwar auch um einiges teurer, können aber sofort gegrillt werden.

MIESMUSCHELN

Die Miesmuschel (lat. *Mytilus edulis*) benötigt ca. zwei bis drei Jahre, bis sie die richtige Größe für den Verkauf erreicht. Von der Ernte über die Entsandung bis hin auf den Markt benötigen frische Miesmuscheln mindestens zwei bis maximal vier Tage. Die Haltbarkeit wird bei den meisten Produzenten mit maximal sieben Tagen ausgezeichnet. Also beim Einkauf von frischen Muscheln immer das Abpack- sowie das Haltbarkeitsdatum beachten! Frische Muscheln werden in Jutesäcken, in Netzen oder häufig in MAP-Schalen (Modified Atmosphere Packaging) verkauft.

Tiefgekühlte und pasteurisierte Miesmuscheln sind bereits vorgekocht, durch das Erhitzen werden diese Muscheln zwar länger haltbar, aber der Geschmack kann mit frischen, lebenden Muscheln nicht mithalten. Zehn Monate im Jahr ist Muschelsaison, nur im Mai und im Juni während der Laichzeit sind die Muscheln mit Eiern gefüllt und nicht so schmackhaft, daher werden sie während diese Periode nicht geerntet. Beginn der Muschelsaison ist traditionell der Juli, die Hauptsaison liegt im Herbst und Winter bis in den Frühling.

Miesmuscheln werden in verschiedene Größenkategorien unterteilt angeboten:

- **Extra:** 70–90 Muscheln pro kg
- **Super:** 60–70 Muscheln pro kg
- **Imperial:** 50–60 Muscheln pro kg
- **Jumbo:** 45–50 Muscheln pro kg
- **Goudmerk:** 38–44 Muscheln pro kg

Der Fleischanteil pro kg differiert nicht so erheblich, bei den kleinsten Muscheln sind es 200–250, bei den größten 250–300 g/kg Muscheln. Wenn die Muscheln gerade aus der Verpackung kommen, sind sie allesamt ein wenig geöffnet. Nicht wegwerfen, denn dies liegt an der Verpackung. Wegen der schützenden Verpackung entspannt sich die Muschel und öffnet sich ein wenig. Nur Muscheln, deren Schalen kaputt oder beschädigt sind, aussortieren und wegwerfen. Muscheln, die nach dem Zubereiten geschlossen bleiben, kann man meistens essen, am besten vorsichtig mit einem Messer öffnen, in der Regel enthalten diese Muscheln bestes Fleisch.

Muscheln enthalten sehr viel Protein, aber nur 1 % Fett. Der größte Teil dieses geringen Fettgehaltes besteht aus mehrfach ungesättigten Fettsäuren, die cholesterinsenkend wirken können. Darüber hinaus sind Muscheln reich an Vitaminen und Mineralien wie Phosphor, Eisen, Kupfer und Selen. Fazit: Muscheln sind ein wahres Superfood!

JAKOBSMUSCHELN

Echte Jakobsmuscheln (lat. *Pecten maximus*), auch große Pilgermuscheln, kommen überwiegend in kühleren Gewässern von Norwegen und Schottland entlang der atlantischen Küsten bis nach Südportugal vor. Bei der Jakobsmuschel werden nur der weiße Muskel – „Nuss" – und der orangerote Rogensack – „Corail" – gegessen. Letzterer hat einen sehr intensiven Fischgeschmack, der nicht jedermanns Sache ist. Die Nuss der Jakobsmuschel wird am besten **sanft angebraten** oder direkt **in der deko-**

Echte Jakobsmuschel

rativen Schale gegrillt oder auch mit Sauce gratiniert. Echte Fans essen frische Jakobsmuscheln sogar roh. Das zarte Muskelfleisch schmeckt nussig bis leicht süßlich. Eine besondere Delikatesse sind frische, also noch lebende Jakobsmuscheln, die in der Schale verkauft werden. Die atlantischen **Kammmuscheln** (lat. *Placopecten magellanicus*), auch als Tiefsee-Scallops bekannt, sind nahe Verwandte der Jakobsmuscheln, es handelt sich jedoch nicht um die gleiche Gattung und Art. Tiefsee-Scallops werden im Nordwestatlantik vor den Küsten der USA und Kanadas gefangen und direkt vor Ort verarbeitet. Sie kommen geputzt und ohne Rogen, in 1-kg-Eimern, trocken und unbehandelt in den Handel. Das ausgelöste Fleisch ist sowohl frisch als auch tiefgefroren erhältlich. Geschmacklich ist das tiefgekühlte dem frischen Muskelfleisch ebenbürtig, es hat lediglich eine etwas weichere Konsistenz.

AUSTERN

Die Pazifische Felsenauster (lat. *Crassostrea gigas*), auch Japanische oder Große Auster, ist wirtschaftlich gesehen die wichtigste Austernart. Sie ist ausgesprochen robust, krankheitsresistent und schnellwachsend. Sie wird in Europa in Irland, Großbritannien, Holland, Deutschland (Wattenmeer), Frankreich (Atlantikküste und französische Mittelmeerküste), Spanien und Portugal kultiviert.

Je nach Herkunft kommt diese Auster mit unterschiedlichen Bezeichnungen oder regionalen Namen in den Handel, zum Beispiel als „Gillardeau-Austern“, „Huître creuse“, „Marennes“ oder „Cancale“ aus Frankreich, als „Loch Fyne“ aus Schottland, als „Donegal Auster“ aus Irland oder auch unter Markennamen wie „Sylter Royal“ aus Deutschland.

Diese Angaben sind für viele Kenner von großer Bedeutung, da sie auf eine bestimmte Geschmacksrichtung und Qualität hinweisen. Verschiedene Meeresgebiete und unterschiedliche Kultivierungsmethoden verleihen Austern einen individuellen Geschmack und Charakter.

Bei Austern unterscheidet man vier Qualitätsstufen:

- Huitre de Parc - keine Klärung
- Claires - einfache Klärung
- Fine de Claires - spezielle Klärung
- Special de Claires - besonders lange Klärung

Zum Beispiel werden „Spéciales Gillardeau-Austern“ 48 bis 50 Mal aus dem Wasser genommen, gewendet, geklärt und damit trainiert, den Deckel besonders fest zu schließen!

In Europa werden Austern vorwiegend roh gegessen, was aber für viele beim ersten Versuch viel Überwindung kostet und kein besonderes Geschmackserlebnis bedeutet. **Austern am Spieß gegrillt oder in der Schale überbacken** sind da schon eher für den Einsteiger zu empfehlen.

Weitere bekannte Austern im Handel:

- Europäische Flachauster (lat. *Ostrea edulis*)
- Amerikanische Auster (lat. *Crassostrea virginica*)
- Olympia-Auster (lat. *Ostrea lurida*)
- Kumamoto (lat. *Crassostrea sikamea*)

SO WERDEN AUSTERN RICHTIG GEÖFFNET

Die flache Seite ist der Deckel, die gewölbte der Boden. Das runde Ende ist vorne, am spitzen hinteren Ende sitzt das Scharnier. Wichtig: NIEMALS mit Kraft arbeiten, Verletzungsgefahr!

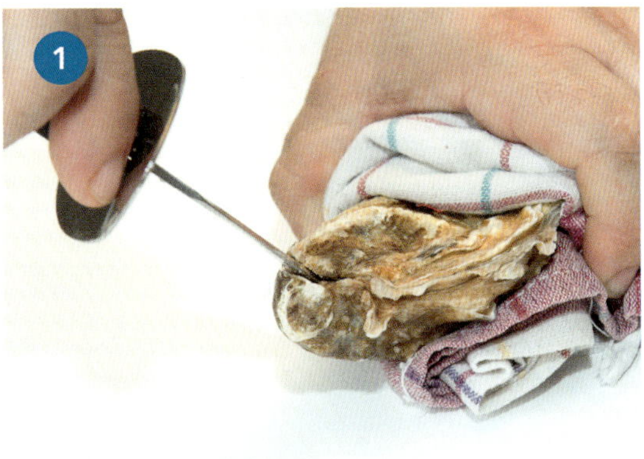

Das Austernmesser zwischen Deckel und Boden am hinteren spitzen Ende ansetzen. Wenn die Stelle nicht gleich zu finden ist, mit dem Messer etwas Material von der Schale abkratzen, dann ist der Ansatz besser zu erkennen.

Die Klinge mit drehenden Bewegungen, aber ohne Gewalt zwischen Deckel und Boden führen und den Deckel etwas anheben.

Ist die Klinge eingedrungen, das Messer nach vorne führen.

Den oberen Muskel der Auster am Deckel sauber durchtrennen, der Deckel lässt sich nun ohne Widerstand komplett anheben und entfernen.

Geruchsprobe: Die Auster muss wie reine Meeresluft riechen, dann ist sie in Ordnung!

Den unteren Muskel der Auster durchschneiden, damit das Austernfleisch nur noch lose in der Schale liegt.

Darauf achten, nicht allzu viel Saft zu verschütten. Dieser wird mit geschlürft oder kann für Saucen verwendet werden.

Je nach Geschmack mit Zitrone, Pfeffer, Tabasco, Petersilie oder Schalotten servieren.

REZEPTE

SCHWIERIGKEITSGRAD

★ einfach ★★ mittel ★★★ schwierig

GRILLGERÄTE

Direktgrill · Kugelgrill · Gasgrill · Side-Burner · Keramikgrill

Barbecue-Smoker · Pelletsgrill · Wok · Dutch Oven

AUSTERNSPIESSE

Personen: 4 • Grillmethode: direkt • Zubehör: Gussrost, Grillspieße
Vorbereitung: 20 Min. • Garzeit: ca. 4 Min. bei 200 °C
Schwierigkeitsgrad: ✪✪✪

ZUTATEN

24 Austern
(Fine de claire oder Creuses)
24 Scheiben Bauchspeck,
dünn geschnitten
Olivenöl
Blattpetersilie für die Garnitur

POLNISCHE SAUCE
2 Eier
120 g Butter
4 EL Semmelbrösel
(Paniermehl)
1 EL gehackte Petersilie
wenig Zitronensaft
Salz und Pfeffer

ZUBEREITUNG

1. Die Austern öffnen und das Fleisch aus den Schalen lösen (siehe auch S. 50).
2. Das Austernfleisch auf Küchenpapier kurz abtrocknen lassen, danach mit je einem Blatt Bauchspeck einwickeln und je sechs Austern auf einen Spieß stecken.
3. Für die Sauce die Eier 10 Minuten kochen, kalt abschrecken und abkühlen lassen, danach schälen und in kleine Würfel schneiden.
4. Die Butter in einer Pfanne erhitzen, die Semmelbrösel und die gewürfelten Eier dazugeben und kurz anrösten. Mit gehackter Petersilie, etwas Zitronensaft, wenig Salz und Pfeffer aus der Mühle abschmecken.
5. Die Austernspieße mit Olivenöl bestreichen und ca. 2 Minuten pro Seite direkt über der Glut grillen – ein Gussrost eignet sich dafür am besten, weil die Spieße nicht ankleben.
6. Die fertig gegrillten Austernspieße am Grill noch ca. 2 Minuten rasten lassen, auf vorgewärmten Tellern anrichten und mit der heißen polnischen Sauce garnieren.

SERVIERVORSCHLAG

Anrichten auf weißem und grünem Spargel und Sauce Hollandaise (Rezept S. 150).

BACHSAIBLINGSFILET IM HOLZ

mit roter Kräuterbutter und Polenta

Personen: 4 • Grillmethode: indirekt • Zubehör: Alufolie
Vorbereitung: 30 Min. • Garzeit: ca. 12 Min. bei 180 °C
Schwierigkeitsgrad: ✪✪

ZUTATEN

4 Bachsaiblingsfilets, ca. 120 g
Salz und Pfeffer aus der Mühle
Olivenöl
je 4 kleine Zweige Rosmarin und Thymian
4 Mini-Paprikaschoten

4 Stück Holzfurnier (Buche), ca. 20 x 20 cm

POLENTA
½ kleine Zwiebel, fein geschnitten
15 g Butter
200 ml Gemüsefond
100 g feiner Maisgrieß (1-Minuten-Polenta)
Meersalz aus der Mühle
Pfeffer aus der Mühle
35 g geriebener Parmesan

KRÄUTERBUTTER
70 g Butter
Salz und Pfeffer aus der Mühle
1 Zehe Knoblauch
4 g Paprikapulver, edelsüß
1 EL frische, gehackte Kräuter
70 g Parmesan
40 g Semmelbrösel (Paniermehl)

ZUBEREITUNG

1. Für die Polenta Zwiebel feinwürfelig schneiden und mit Butter in einem Topf glasig dünsten. Mit Gemüsefond aufgießen, aufkochen lassen.
2. Den Maisgrieß unter ständigem Rühren einrieseln lassen, die Hitze reduzieren, unter Rühren ca. 3 Minuten garen, bis ein dicker Brei entsteht, salzen und pfeffern. Den Topf von der Kochstelle nehmen, den frisch geriebenen Parmesan einrühren, die heiße Masse auf ein geöltes Stück Alufolie geben und zu einer 4 cm dicken Rolle formen. Nach dem Erkalten in ca. 1,5 cm dicke Scheiben schneiden.
3. Für die Kräuterbutter Butter glatt rühren, salzen und pfeffern, Knoblauch (darf gepresst werden), Paprikapulver und frische Kräuter zugeben, gut verrühren.
4. Den geriebenen Parmesan untermischen und zum Schluss die Semmelbrösel dazugeben.
5. Mithilfe von Frischhalte- oder Alufolie eine Rolle mit ca. 4 cm Durchmesser formen und im Kühlschrank mindestens 1 Stunde abkühlen lassen. Nach dem Erkalten in ca. 5 mm dicke Scheiben schneiden.
6. Die Buchenblätter in Wasser oder Weißwein ca. 1 Stunde einweichen.
7. Die Saiblingsfilets entgräten, in 4–5 cm breite Stücke schneiden, salzen und pfeffern. Die Buchenblätter mit Olivenöl bestreichen und abwechselnd je 2 Saiblingsfilets und 2 Polentascheiben darauflegen, danach 2 Scheiben Kräuterbutter auf die Saiblingsfilets legen, obenauf die frischen Kräuter und 1 kleine halbierte Paprikaschote.
8. Die Holzblätter indirekt im Grill platzieren.

CALAMARISPIESSE

mit Chili und Knoblauch

Personen: 4 • Grillmethode: direkt • Zubehör: Gussrost, Grillspieße
Vorbereitung: 20 Min. • Garzeit: ca. 6 Min. bei 200 °C
Schwierigkeitsgrad: ★

ZUTATEN

16–20 Calamari
(Patagonica, ungeputzt,
Größe C4 L oder C4)
Salz und Pfeffer aus der Mühle
Olivenöl

CHILI-KNOBLAUCH-BUTTER
2 Knoblauchzehen, gepresst
1 kleiner roter Chili,
fein geschnitten
1 EL frisch gehackte Petersilie
1 Zweig Zitronenthymian,
fein gehackt
2 EL Olivenöl
50 g Butter
Salz und Pfeffer
aus der Mühle

TIPP

DIE GRÖSSEN
„C4" = 9-12 cm/Stk.
„C4L" = 12-16 cm/Stk.

ZUBEREITUNG

1. Die Calamari putzen, indem man unter den Augen die Tentakel abtrennt und den kleinen Schnabel entfernt. Die Innereien und den Schulp (sieht aus wie ein durchsichtiges Kunststoffblättchen) aus der Tube ziehen. Ich persönlich entferne die violette Haut nicht, weil sie beim Grillen goldbraun und knusprig wird (siehe auch S. 46).
2. Die Tentakel und Tuben unter fließendem Wasser waschen und auf Küchenpapier abtrocknen lassen. Die Tuben je nach Größe ein- bis zweimal durchschneiden und zusammen mit den Tentakeln auf die Grillspieße stecken. Würzen und etwa 30 Minuten ziehen lassen.
3. Für die Chili-Knoblauch-Butter alle Zutaten in einer feuerfesten Tasse am Grill kurz aufkochen.
4. Die Calamarispieße mit Olivenöl bestreichen und direkt über der Glut grillen, ein Gussrost eignet sich dafür am besten, weil die Spieße nicht ankleben.
5. Nach 2 Minuten die Spieße wenden und mit der Chili-Knoblauch-Marinade kräftig bepinseln.
6. Nach weiteren 2 Minuten nochmals wenden und wieder satt mit der Marinade bestreichen und noch 1 Minute grillen.
7. Die restliche Marinade über die fertig angerichteten Spieße träufeln.

CROSTINIS

mit Lachs- und Forellentatar

Portionen: ca. 20 Stück • Grillmethode: direkt
Vorbereitung: 25 Min. • Garzeit: ca. 1-2 Min. bei 200 °C
Schwierigkeitsgrad:

ZUTATEN

2 Baguettes
(siehe Rezept für Burgerbrote S. 156)
1-2 Knoblauchzehen

LACHSTATAR
250 g Räucherlachs ohne Haut
2 Frühlingszwiebeln
20 g Kapern
Saft und Schale von ½ Limette
2 EL bestes Olivenöl
½ EL Honigsenf
(z. B. von Fischerauer)
Salz und Pfeffer aus der Mühle

FORELLENTATAR
250 g geräuchertes Forellenfilet ohne Haut
1 kleinere rote Zwiebel
½ Apfel
6 Stiele Dill
Saft von ½ Limette
90 g Crème fraîche
Salz und Pfeffer aus der Mühle
1 Msp. Kreuzkümmel

ZUBEREITUNG

1. Den Räucherlachs mit einem scharfen Messer in kleine Würfel schneiden, die Frühlingszwiebeln in kleine Würfel schneiden und zum Lachs geben. Die Kapern nicht zu klein schneiden und dazugeben. Mit den restlichen Zutaten vermischen und 30 Minuten ziehen lassen.
2. Das Forellenfilet mit einem scharfen Messer in kleine Würfel schneiden, die Zwiebel und den Apfel in kleine Würfel schneiden und zur Forelle geben. Den Dill nicht zu klein schneiden und dazugeben. Mit den restlichen Zutaten vermischen und 30 Minuten ziehen lassen.
3. Die Baguettes schräg in 2 cm dicke Scheiben schneiden und 1-2 Minuten direkt grillen.
4. Mit einer geschälten Knoblauchzehe über die heißen Baguettescheiben streichen.
5. Mit zwei Löffeln aus den beiden Tatars Nockerl formen, auf den noch warmen Brotscheiben anrichten und garnieren.

DONAU-FISCH-BURGER

„Bacon & Egg"

Personen: 4 • Grillmethode: direkt • Zubehör: Gussrost, Grillplatte, Burgerpresse
Vorbereitung: 20 Min. • Garzeit: 6 Min. bei ca. 220 °C
Schwierigkeitsgrad:

ZUTATEN

500 g Fischfilets (Nase, Brachse, Aitel, Barsch oder Hecht)
2 EL gehackte, frische Kräuter (Petersilie, Rosmarin, Thymian, Basilikum, Schnittlauch)
je 1 TL Senf und geriebene Limettenschale
25 g Golis Fischgewürz (siehe Rezept S. 155); alternativ Salz und Pfeffer aus der Mühle
60 g Semmelwürfel
80 g Milch
40 g Röstzwiebeln
1 Ei
bei Bedarf 1 EL Semmelbrösel (Paniermehl)
12 Scheiben Hamburgerspeck
4 Stück Eier
4 Burgerbrote mit gehackten Kürbiskernen (Rezept S. 156)

SAUCE
4 EL Sauerrahm (saure Sahne)
2 EL Basilikumpesto
Salz und Pfeffer aus der Mühle

GARNITUR
Blattsalat, Gurkenscheiben, Tomatenscheiben, gehackte Petersilie

ZUBEREITUNG

1. Bei den Fischfilets die Hauptgräten und die Haut entfernen, danach zweimal durch den Fleischwolf drehen. Abschmecken mit frisch gehackten Kräutern, Senf, Limettenschale und Fischgewürz.
2. Die Semmelwürfel mit Milch einweichen, durch den Fleischwolf drehen und zusammen mit den Röstzwiebeln zu der Fischmasse geben. Ein Ei dazugeben und alles gut durchkneten. Wenn die Masse zu weich ist, 1 EL Semmelbrösel dazugeben.
3. Aus der Masse vier gleich große Burgerpattys formen.
4. Die Sauce zubereiten. Dazu alle Zutaten miteinander vermengen.
5. Die Burger direkt ca. 3 Minuten pro Seite grillen, gleichzeitig den Speck und die Spiegeleier zubereiten. Die Burgerbrote durchschneiden und etwas angrillen.
6. Zum Anrichten folgendermaßen zusammenbauen: Burgerbrotboden, Salat, Gurkenscheiben, Sauce, Tomatenscheibe, Fischburger, knuspriger Speck, Spiegelei, gehackte Petersilie, Burgerbrotdeckel.

GARNELEN UND MIE-NUDELN

aus dem Wok

Personen: 4 • Grillmethode: direkt • Zubehör: Wokaufsatz, Wokpfanne, Zestenschneider
Vorbereitung: 25 Min. • Garzeit: ca. 10 Min.
Schwierigkeitsgrad: ✪

ZUTATEN

100 g Frühlingszwiebeln
100 g rote Spitzpaprika
100 g Brokkoli
4 EL Erdnussöl
400 g Party-Garnelen, 26/30, gekocht, geschält mit Schwanzsegment
100 g Sojasprossen
500 g gekochte chinesische Mie-Nudeln

WOKGEWÜRZ
2 Zehen Knoblauch
1 Stück frischer Ingwer
2 Chilischoten

SAUCE
40 ml Sojasauce
40 ml Sherry oder Weinbrand
30 ml Asia Fischsauce
100 ml Gemüsefond
20 ml Sesamöl
Schale und Saft von 1 Limette
8 g Goli WokFinal oder ein anderes hochwertiges Wokgewürz

ZUBEREITUNG

1. Die Frühlingszwiebeln putzen, schräg in 5 mm breite Ringe schneiden, die Spitzpaprika in kleine Rauten schneiden, den Brokkoli in kleine Röschen teilen.
2. Für das Wokgewürz Knoblauch, Ingwer und Chilischoten fein hacken und mit etwas Erdnussöl vermischen.
3. Alle Zutaten für die Sauce zu einer Marinade verrühren, dabei die Limettenschale zuerst mit einem Zestenschneider ablösen, danach die Limette halbieren und den Saft auspressen.
4. Im Wok in Erdnussöl zuerst das Gemüse bei hoher Hitze PAO rösten – dabei ist Flammenbildung erwünscht –, danach das Wokgewürz dazugeben, kurz weiter rösten, als Nächstes die Garnelen und die Sojasprossen dazugeben und eine 1 Minute Pfannenrühren, zum Schluss mit der Marinade aufgießen, die chinesischen Mie-Nudeln dazugeben und bis zur gewünschten Konsistenz einkochen lassen.

GEFÜLLTER HUMMER
mit Kräuterkruste

Personen: 4 • Grillmethode: indirekt • Zubehör: Grillpfanne gelocht, Alufolie
Vorbereitung: 1 Std. • Garzeit: ca. 15-20 Min. bei 200 °C
Schwierigkeitsgrad:

ZUTATEN

2 Hummer ganz à 800 g, roh tiefgekühlt (UHP)

100 g Frühlingszwiebeln
1 Zehe Knoblauch
200 g Jakobsmuschelfleisch oder 26/30-Garnelen ohne Schale
100 g Tomaten-Concassée (Tomatenwürfel ohne Haut)
1 EL Olivenöl
2 EL Butter
1 EL frische gehackte Kräuter
Salz und Pfeffer aus der Mühle

KRÄUTERKRUSTE
150 g Butter
Salz und Pfeffer aus der Mühle
3 g Curry
2 Zehen Knoblauch
1 EL frische gehackte Kräuter
10 ml Cognac
150 g Parmesan
75 g Semmelbrösel (Paniermehl)

ZUBEREITUNG

1 Für die Kräuterkruste die Butter aufschlagen, Salz, Pfeffer, Curry, Knoblauch (darf gepresst werden), frische Kräuter und Cognac dazugeben, alles gut verrühren. Den geriebenen Parmesan untermischen und zum Schluss die Semmelbrösel dazugeben.

2 Die noch weiche Masse auf ein Stück Alufolie geben und zu einer Stange mit ca. 4 cm Durchmesser einrollen. 2 Stunden im Kühlschrank fest werden lassen und danach in 0,5 cm dicke Scheiben schneiden.

3 Die Frühlingszwiebel schräg in Ringe schneiden, den Knoblauch blättrig schneiden, das Jakobsmuschelfleisch vierteln, die geschälten, entkernten Tomaten in 1 cm große Würfel schneiden.

4 Olivenöl und Butter in einer Pfanne erhitzen, Frühlingszwiebeln und Knoblauch glasig anschwitzen, das Jakobsmuschelfleisch und die Tomatenwürfel dazugeben und mit frisch gehackten Kräutern, Salz und Pfeffer aus der Mühle würzen. Die Fülle sollte dabei fast roh bleiben!

5 Die Hummer in der Mitte vom Kopf bis zum Schwanzende mit einem scharfen Messer oder mithilfe einer Küchenschere längs halbieren. Danach die Innereien (Leber, Darm, Magensack usw.) entfernen. Abwaschen und mit Küchenpapier trocken tupfen. Die Scheren mit dem Messerrücken aufschlagen – der Panzer sollte einen deutlichen Sprung bekommen. Das Hummerfleisch im Schwanz und Rumpf salzen und pfeffern, danach die Hummerhälften füllen und mit der Kräuterbutter belegen.

6 Den Grill auf 200 °C vorheizen und die gefüllten Hummerhälften mit der Kräuterkruste nach oben indirekt am Grillrost platzieren. Die Grillhaube schließen.

GEGRILLTE GAMBAS

dazu Aioli mit frischem Rosmarin

Personen: 4 • Grillmethode: direkt • Zubehör: Gussrost • Vorbereitung: 20 Min.
Garzeit: ca. 8 Min. bei 180 °C • Schwierigkeitsgrad: ✪

ZUTATEN

16 Gambas (Riesengarnelen) mit Kopf, Größe 8/12
Erdnussöl
Chili-Knoblauch-Salz aus der Mühle

AIOLI
4 Knoblauchzehen
½ TL Salz
1 Zweig frischer Rosmarin
½ TL scharfer bis mittelscharfer Senf
80 ml Milch
100 ml Sonnenblumenöl
50 ml gutes Rapsöl
50 ml gutes Olivenöl
Salz und weißer Pfeffer aus der Mühle
1 EL Zitronensaft

ZUBEREITUNG

1. Bei den Gambas die Schale der Schwänze mit einer kleinen Schere am Rücken einschneiden und den Darm vorsichtig herausziehen.
2. Die geputzten Gambas auf ein Tablett legen, mit Erdnussöl beträufeln und mit etwas Chili-Knoblauch-Salz aus der Mühle würzen.
3. Direkt über der Glut am besten auf einem Gusseisenrost ca. 8 Minuten grillen, dabei alle 2 Minuten wenden.
4. Für die Aioli die Knoblauchzehen schälen und vierteln, mit Salz und den Rosmarinnadeln im Mörser kräftig zerstoßen. Die Paste mit Senf und Milch in einem kleinen Standmixer aufmixen und ein paar Minuten ziehen lassen.
5. Die drei Sorten Öl miteinander vermischen und am Anfang nur tropfenweise, später per dünnem Strahl nach und nach in den laufenden Mixer gießen; durch die hohe Drehzahl des Mixers emulgiert das Öl mit den anderen Zutaten zu einer dicken, cremigen Dipsauce. Die fertige Aioli mit Salz, Pfeffer aus der Mühle und etwas Zitronensaft abschmecken und in Gläser füllen.

TIPPS

Alle Zutaten der Aioli sollten Zimmertemperatur haben.
Nur gute, hochwertige Öle verwenden.

SCHRITT FÜR SCHRITT

❶

❷

❸

❹
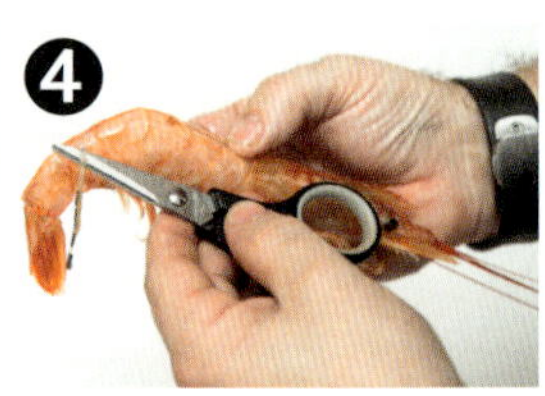

GEGRILLTE LANGUSTENSCHWÄNZE

Personen: 2-4 • Grillmethode: direkt • Zubehör: Grillschale
Vorbereitung: 15 Min. • Garzeit: ca. 10 Min. bei 200 °C
Schwierigkeitsgrad:

ZUTATEN

2 Langustenschwänze, Größe 16-20 oz. (450-500 g/Stück)
2 EL Olivenöl
100 g Butter
Saft und Schale von 1 Limette
Salz und Pfeffer aus der Mühle

ZUBEREITUNG

1. Die Langustenschwänze der Länge nach halbieren.
2. Olivenöl und Butter erhitzen, mit geriebener Limettenschale und Saft vermischen, kurz aufschäumen und mit Salz und wenig Pfeffer aus der Mühle abschmecken.
3. Die halbierten Langustenschwänze an den Schnittstellen mit der flüssigen Butter einpinseln.
4. Den Grill auf ca. 180-200 °C vorheizen. Die Langustenschwänze für 3-4 Minuten mit der Fleischseite nach unten angrillen, wenden und erneut mit der flüssigen Butter kräftig moppen. Während die Langustenschwänze auf der Schalenseite grillen, zwei- bis dreimal mit der warmen Butter moppen. Die Butter läuft dabei in die Schale und aromatisiert das Fleisch rundherum.
5. Die Langustenschwänze sollten nicht zu lange gegrillt werden, denn das Fleisch wird sehr leicht zu trocken und bekommt eine gummiartige Konsistenz, 5-6 Minuten sollten bei dieser Größe ausreichen. Sind die Schwänze kleiner, die Grillzeit dementsprechend verkürzen.

TIPPS

Bei Langusten ist weniger mehr, das heißt, nicht zu viele Gewürze verwenden, die den feinen Eigengeschmack des Fleisches verfälschen würden.
Auf dieselbe Art können auch Hummerschwänze zubereitet werden.

GEGRILLTER WOLFSBARSCH

Personen: 4 • Grillmethode: direkt • Zubehör: Fischzangen für Portionsfische
Vorbereitung: 10 Min. • Garzeit: 15 Min. bei ca. 180–200 °C
Schwierigkeitsgrad:

ZUTATEN

4 Wolfsbarsche à 300 g
24 g Golis Fischgewürz (Rezept S. 155) oder ein anderes gutes Fischgewürz alternativ 20 g Salz, etwas Pfeffer aus der Mühle
4 Zehen Knoblauch
je 4 Zweige frische Kräuter: Petersilie, Rosmarin, Thymian
8 Scheiben Zitronen
2 EL Raps- oder Olivenöl

ZUBEREITUNG

1. Die Wolfsbarsche schuppen, waschen und trocken tupfen.
2. Mit einem scharfen Messer die Haut viermal pro Seite nicht zu tief einschneiden. Innen und außen mit Golis Fischgewürz würzen.
3. Die Knoblauchzehen nicht schälen, nur leicht andrücken und zusammen mit den frischen Kräutern und Zitronenscheiben in die Bauchhöhlen geben.
4. Die Haut der Wolfsbarsche mit Öl bestreichen. Auch die Fischzangen zuerst etwas einölen und die Fische anschließend darin fixieren.
5. Den Grill vorheizen, Achtung: Die Fische nur bei mäßiger Hitze grillen, nicht zu heiß! Bei Gasgrillgeräten max. die 2. Stufe einstellen.
6. Portionsfische frühestens nach 5 Minuten Grillzeit wenden, nicht öfter als dreimal insgesamt.
7. Je nach Hitze ist mit ca. 10–15 Minuten Grillzeit zu rechnen.

TIPP

Bei einem Grill mit Gussrost können die Wolfsbarsche auch ohne Fischzangen direkt am Rost gegrillt werden.

OÖNachrichten
DIENSTAG, 20. SEPTEMBER 2016
Nicht auf Lorbeeren ausruhen,
die Nr. 1 Österreich bleiben
holte mit seinem Grill-Team „Chefpartie" den Europameister-Titel

GEGRILLTER ZANDER

Personen: 4-6 • Grillmethode: indirekt • Zubehör: Backpapier
Vorbereitung: 15 Min. • Garzeit: ca. 30 Min. bei 130-150 °C
Schwierigkeitsgrad:

ZUTATEN

1 Zander à 1–1,5 kg, geschuppt
30 g Golis Fischgewürz (Rezept S. 155), alternativ Salz und Pfeffer aus der Mühle
je 2 Zweige Rosmarin, Thymian, Petersilie
1 Bogen Backpapier

ZUBEREITUNG

1. Den Zander auf beiden Seiten ein paar Mal einschneiden, innen und außen mit Golis Fischgewürz würzen.
2. Jeweils zwei Zweige Rosmarin, Thymian und Petersilie in die Bauchhöhle geben.
3. Den Backpapierbogen zu einem 10 cm breiten Streifen falten. Das Backpapier verhindert, dass der Fisch anklebt.
4. Den Grill zum indirekten Grillen vorbereiten.
5. Den Zander entweder hoch über oder neben der Glut platzieren, den Deckel schließen und ca. 30 Minuten bei 130-150 °C garen.

TIPP

Nach 15 Minuten Garzeit kann man kleine Hartholzstücke in die Glut geben. Die Grillhaube danach sofort wieder schließen, damit das Holz nicht Feuer fängt. Nach weiteren 15 Minuten ist der Fisch fertig und hat eine goldige Farbe.

GEGRILLTES THUNFISCHTATAR

mit Avocadodip

Personen: 4 • Grillmethode: direkt • Zubehör: Speiseringe aus Metall, Gussrost
Vorbereitung: 60 Min. • Garzeit: 2–3 Min. bei 220 °C
Schwierigkeitsgrad: ✪✪

ZUTATEN

300 g Thunfisch,
Sashimi-Qualität

400 g Zwiebeln
150 g getrocknete Tomaten
in Öl (½ Glas)
3 EL Balsamicoessig
20 g schwarze Oliven
ohne Stein
30 g Kapern
Salz und Pfeffer
1 kleiner frischer Chili,
nicht zu scharf

Erdnussöl

AVOCADODIP
1 Avocado
50 g Sauerrahm (saure Sahne)
1 TL Honig
1 TL Senf
1 EL Zitronensaft
je 1 Prise Salz und Pfeffer

GARNITUR
60 g Rucolasalat
8 Kirschtomaten
8 Kapern mit Stiel
50 g frische
Knoblauchsprossen

ZUBEREITUNG

1. Die Zwiebeln schälen, in 5 mm große Würfel schneiden, im Wok mit dem Öl der getrockneten Tomaten anbraten, bis sie schön dunkel sind, und mit Balsamicoessig ablöschen. In einem Sieb abkühlen und abtropfen lassen.
2. Den Thunfisch in kleine Würfel schneiden und in eine Schüssel geben.
3. Die getrockneten Tomaten und die Oliven in kleine Würfel schneiden. Den Thunfisch, die Tomaten, die Zwiebeln, die Oliven und die Kapern vermischen. Mit Salz, Pfeffer und fein geschnittenem Chili abschmecken. Das Tatar auf vier Speiseringe aufteilen und in den Ringen gut verdichten. In den Ringen 30 Minuten kalt stellen.
4. Die Avocado halbieren, den Kern entfernen. Das Fruchtfleisch aus der Schale lösen und mit einer Gabel in einer kleinen Schüssel zerdrücken. Die restlichen Zutaten dazugeben, glatt rühren und mit Salz und Pfeffer abschmecken.
5. Den Grill vorheizen, den heißen Grillrost – am besten aus Gusseisen – mit Erdnussöl einölen.
6. Das Thunfischtatar mit den Speiseringen auf dem Grillrost platzieren und pro Seite maximal 2 Minuten direkt grillen, der Thunfisch soll in der Mitte noch roh bleiben.
7. Das Thunfischtatar mit dem Avocadodip anrichten und mit Rucola, Tomaten, Kapern und Knoblauchsprossen garnieren.

GERÄUCHERTE REINANKEN

Personen: 4 • Grillmethode: Heißräuchern • Zubehör: Räucherhaken, Fischhalter
Vorbereitung: über Nacht marinieren, mind. 12 Std. • Garzeit: ca. 1 Std. bei 70-100 °C
Schwierigkeitsgrad: ✪✪

ZUTATEN

4 Reinanken à 350 g

SALZLAKE
24 g Golis Fischgewürz (Rezept S. 155)
80 g Salz
1 l kaltes Wasser

ALTERNATIV
100 g Salz
frische Kräuter
1 l Wasser

SCHRITT FÜR SCHRITT

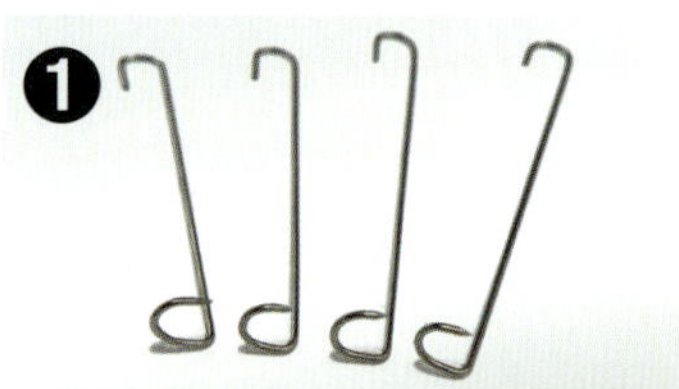

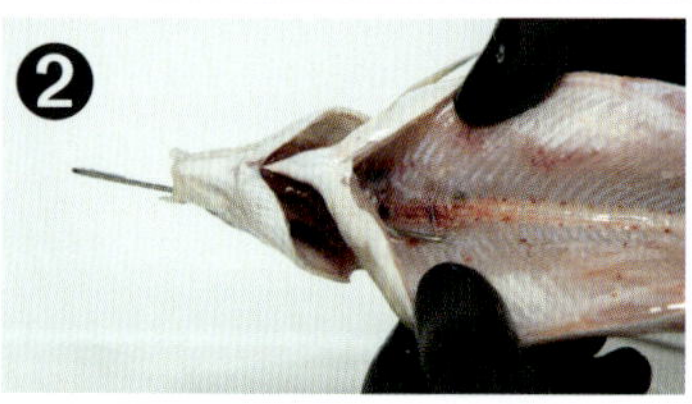

ZUBEREITUNG

1 Die Salzlake zubereiten und die Reinanken darin einlegen, die Fische müssen komplett mit Flüssigkeit bedeckt sein.

2 Nach ca. 12 Stunden die Fische aus der Lake nehmen, abspülen und mit Küchenpapier abtrocknen. Je nach Grillgerät die Fische entweder hängend oder stehend im Grill platzieren. Räucherhaken (zum Räuchern im Smoker) oder Fischhalter (für den Kugelgrill, z. B. Gourmet Fischgriller) sind zum Räuchern ein ideales Zubehör.

3 Den Grill mindestens 15 Minuten vorheizen, die Temperatur sollte bei ca. 80 °C liegen, bevor die Fische im Grill platziert werden. Bei einem Kugelgrill mit 60 cm Durchmesser empfehle ich ca. acht Stück Grillbriketts.

4 Die Fische ca. 20 Minuten ohne Rauch im Grill garen, die Temperatur sollte mindestens 70, maximal 100 °C betragen.

5 Wenn sich die Fische trocken anfühlen, mit dem eigentlichen Räuchern beginnen. Dazu die Luftzufuhr unten komplett schließen, oben einen kleinen Spalt geöffnet lassen. Die Grillhaube öffnen und sehr zügig Räuchermehl oder -chips in die Glut geben und den Deckel sofort wieder schließen, damit das Räucherholz nicht zu brennen beginnt.

6 30 Minuten räuchern, dabei sollte sich kräftiger, dicker Rauch im Grill befinden. Die Temperatur darf zu Beginn bei ca. 90 °C liegen und sollte zum Ende hin auf 50 °C fallen. Den Grill während des Räucherns nicht öffnen, damit der Rauch nicht entweicht. Nach dem Räuchern sollen die Reinanken eine schöne goldene Farbe haben.

TIPPS

Da die Haut nicht mitgegessen wird, ist das Schuppen von Räucherfischen nicht notwendig.
Die Fische sind gut geräuchert, wenn sich die Rückenflosse (Gräte mit Fleisch) leicht aus dem Rücken ziehen lässt und das sichtbare Fleisch nicht mehr glasig ist.
Dieses Rezept gelingt auch sehr gut in einem Räucherofen.

GOLDBRASSE TRIFFT SALZPLANKE

Personen: 2 • Grillmethode: indirekt • Zubehör: Salzplanke
Vorbereitung: 25 Min. • Garzeit: ca. 16–20 Min. bei 200 °C
Schwierigkeitsgrad:

ZUTATEN

1 Goldbrasse, ca. 700 g, ausgenommen und geschuppt
Salz und Pfeffer aus der Mühle
½ Limette
je 1 Zweig Rosmarin, Thymian, Petersilie
1 EL Erdnuss- oder Olivenöl

ZUBEREITUNG

1. Die Salzplanke direkt über der Glut mindestens 20 Minuten bei 200 °C vorheizen.
2. Die Goldbrasse beidseitig einschneiden und mit Salz und Pfeffer nur innen würzen.
3. Die Limette in Scheiben schneiden und zusammen mit den Kräutern in die Bauchhöhle füllen.
4. Die Goldbrasse mit Öl bestreichen und mit der geölten Seite auf der heißen Salzplanke platzieren, die Grillhaube schließen und 8–10 Minuten grillen. Vor dem Wenden die Oberseite mit Öl bestreichen, den Fisch mit einer breiten Palette vorsichtig umdrehen und weitere 8–10 Minuten bei geschlossener Grillhaube grillen.
5. Wird die Goldbrasse auf der heißen Salzplanke serviert, nur ca. 5 Minuten auf der zweiten Seite grillen, weil der Fisch am Tisch noch weitergart.

GOLIS HOT (FISH) DOG

Portionen: ca. 12 Würste à 22 cm • Grillmethode: direkt • Zubehör: Gussrost
Vorbereitung: 2 Std. • Garzeit: ca. 6-8 Min. bei 180-200 °C
Schwierigkeitsgrad: ✪✪

ZUTATEN

900 g rotes Welsfilet ohne Haut
40 g Fischbratwurstgewürz
5 g frisch gehackter Dill
150 ml Schlagobers (Sahne)
3 m Naturdarm (Schafsaitling)

FISCHBRATWURSTGEWÜRZ
13 g geräuchertes Salz
13 g Selleriesalz
4 g schwarzer Pfeffer, gemahlen
3 g Kümmel, gemahlen
2 g Majoran, gerebelt
2 g Zwiebelgranulat
1 g Knoblauchgranulat
1 g Muskatnuss
1 g Muskatblüte

ZUBEREITUNG

1. Das Welsfilet in größere Würfel schneiden und das Bratwurstgewürz gut untermengen.
2. Das Filet 1 Stunde im Tiefkühler anfrieren. Danach durch die mittlere Scheibe des Fleischwolfs drehen. Dadurch, dass das Fischfilet vorher gewürzt wurde, entstehen keine Gewürznester. Den gehackten Dill dazugeben.
3. Die Wurstmasse in der Küchenmaschine mit eiskaltem Schlagobers kurz cuttern. Das fertige Wurstbrät mithilfe eines Wurstfüllers in einen Naturdarm mit ca. 20 mm Durchmesser füllen. Die Würste in der gewünschten Länge abbinden oder abdrehen.
4. Ich empfehle, die Würste in gut gesalzenem Wasser bei 70 °C ca. 15 Minuten zu brühen. Danach in kaltem Wasser herunterkühlen, jetzt sind sie ein paar Tage im Kühlschrank haltbar.
5. Die Fischwürste werden wie andere Würste direkt über der Glut gegrillt.

SERVIERVORSCHLAG

Brötchen, Salat, Tomatenscheiben, Essiggurkenscheiben, Senf-Honig-Dill-Sauce (Rezept S. 151), Olivenmayonnaise (Rezept S. 106), Röstzwiebeln, Forellenkaviar, gezupfter Dill.

GOLIS PAELLA
für die große Pfanne

Personen: 8–10 • Grillmethode: direkt, indirekt • Zubehör: Paellapfanne oder große Grillschale, Pfanne zum Anbraten • Vorbereitung: 25 Min. • Garzeit: ca. 45 Min. + 5 Min. zum Rasten
Schwierigkeitsgrad: ✪✪

ZUTATEN

6 EL Tomatenöl (getrocknete Tomaten)
400 g Hühnerbrustfilet, gewürfelt, 2 cm
200 g Knoblauchwurst, gewürfelt, 1 cm
2 große Zwiebeln, gewürfelt
3 rote Paprikaschoten, gewürfelt, 1 cm
3 Zehen Knoblauch, grob gehackt
750 g Parboiled Reis (z. B. von Uncle Bens)
250 ml Weißwein
1,5 l Suppe oder Wasser (mit Suppenwürze)
300 g Erbsen, tiefgekühlt
250 g Kirschtomaten, halbiert
1 Glas getrocknete Tomaten, in Würfel geschnitten
500 g festes Fischfilet, in 2 cm große Würfel geschnitten
400 g Tintenfisch (Calamari)
1 kg Miesmuscheln, tiefgekühlt
500 g Garnelen, tiefgekühlt (z. B. 26/30, ohne Schale)

GEWÜRZE
Salz und Pfeffer aus der Mühle
Safran, Goli Geflügel
Goli Steak, Goli Fisch

GARNITUR
2 Limetten, in Spalten

ZUBEREITUNG

1. Das Öl von den getrockneten Tomaten in der Paellapfanne erhitzen.
2. Das Hühnerfilet mit Geflügelgewürz würzen und gemeinsam mit der Knoblauchwurst anbraten, Zwiebeln, Paprikawürfel und Knoblauch dazugeben, weiter braten, bis das Gemüse glasig ist.
3. Den Reis dazugeben, kurz anschwitzen, den Safran dazugeben, mit Weißwein und Suppe aufgießen. Einmal aufkochen lassen, danach 10 Minuten leicht köcheln lassen. Ab jetzt sollte die Paella nicht mehr umgerührt werden!
4. Als Nächstes die Erbsen, die Kirschtomaten, die getrockneten Tomatenwürfel und die mit Fischgewürz gewürzten Fischfiletwürfel auf der Paella gleichmäßig verteilen.
5. Die Tintenfische in 2 cm breite Streifen schneiden, mit Steakgewürz würzen, kurz anbraten und auf der Paella verteilen.
6. Die gefrorenen Muscheln komplett auftauen lassen, kaputte aussortieren, ohne anbraten gleichmäßig auf der Paella verteilen und eindrücken.
7. Zum Schluss die Garnelen mit Steakgewürz würzen, kurz anbraten, auf der Paella verteilen und leicht eindrücken.
8. Vor dem Servieren mit Limettenspalten garnieren.

„GRAVED" LACHSFORELLENFILET

Personen: 4-6 • Vorbereitung: 30 Min. • Wartezeit: 24 Std. an einem kühlen Ort
Schwierigkeitsgrad: ✪

ZUTATEN

2 Lachsforellenfilets à 300 g

1 TL Pfefferkörner, weiß
1 TL Koriandersamen
1 Nelke
2 Wacholderbeeren
1 Zweig Thymian
1 Lorbeerblatt
1 Bund frische Dillspitzen
60 g Salz
40 g brauner Zucker

ZUBEREITUNG

1. Pfeffer, Koriander, Nelke, Wacholderbeeren und Thymian im Mörser zerstoßen.
2. Die Lachsforellenfilets mit der Hautseite nach unten in eine Schale legen und die Gewürze gleichmäßig darauf verteilen. Das Lorbeerblatt zufügen. Anschließend den frisch geschnittenen Dill daraufstreuen. Für eine besondere Note kann man auch einige Tropfen Cognac, Rum oder Whisky auf die Filets träufeln.
3. Salz und Zucker vermischen und gleichmäßig auf den marinierten Filets verteilen.
4. Für 24 Stunden in den Kühlschrank stellen.
5. Anschließend die Filets mit kaltem Wasser vorsichtig abspülen, die Gewürze sollten dabei nicht komplett abgewaschen werden.
6. Danach die Filets kurze Zeit trocknen lassen.

TIPPS

Die fertigen Fischfilets über Nacht kalt räuchern, ergibt wunderbare Räucherlachs(forellen)filets.
Zum Graved Lachs (gebeizter Lachs) passen alle Brotsorten.

SERVIERVORSCHLAG

Das gebeizte Lachsforellenfilet mit Senf-Honig-Dill-Sauce (Rezept S. 151) und Apfelkren (Rezept S. 154) servieren.

GRÜNES CURRY
mit Heilbuttfilet

Personen: 4 • Grillmethode: direkt • Zubehör: Wokaufsatz, Wokpfanne
Vorbereitung: 25 Min. • Garzeit: ca. 10 Min.
Schwierigkeitsgrad: ✪✪

ZUTATEN

600 g schwarzes Heilbuttfilet ohne Haut
Salz und Pfeffer aus der Mühle

60 g Stangensellerie
60 g Zuckerschoten
100 g Zucchini
60 g Frühlingszwiebeln
60 g Brokkoliröschen

3 EL Erdnussöl
400 ml Kokosmilch
4 Stängel frischer Koriander zum Anrichten

CURRYPASTE
½ TL Kreuzkümmel, ganz
½ TL Koriandersamen
2 grüne Chilis ohne Samen
10 g frischer Ingwer, geschält
2 Knoblauchzehen, geschält
Abrieb und Saft von 1 Limette
1 EL Fischsauce
1 EL Sojasauce
3 getrocknete Limettenblätter
3 Stängel frisches Basilikum
5 Stängel frischer Koriander

ZUBEREITUNG

1 Kreuzkümmel und Koriander im Wok kurz anrösten und zusammen mit den anderen Zutaten in einer Küchenmaschine so lange verarbeiten, bis eine Paste entsteht, oder alles traditionell in einem großen Mörser zerstoßen.
2 Den Stangensellerie schräg in Scheiben schneiden, die Zuckerschoten schräg halbieren, die Zucchini der Länge nach vierteln, das weiche Innere wegschneiden, danach schräg in Streifen schneiden, die Frühlingszwiebeln schräg in Ringe schneiden, den Brokkoli in kleine Röschen schneiden.
3 Das Heilbuttfilet in gleichmäßige Würfel schneiden und mit Salz und Pfeffer würzen.
4 Erdnussöl im Wok erhitzen, das Gemüse darin scharf anbraten, bis es etwas Farbe nimmt, die Currypaste dazugeben, kurz mitrösten, die Kokosmilch dazugeben und alles aufkochen lassen.
5 Die Fischwürfel dazugeben, noch einmal kurz aufkochen und 5 Minuten ziehen lassen.
6 Das fertige Curry mit frischem Koriander garnieren.

SERVIERVORSCHLAG

Zum grünen Curry passt Wildreis sehr gut.

JAKOBSMUSCHELN
aus dem Kugelgrill

Personen: 8 • Grillmethode: indirekt • Zubehör: feuerfeste Auflaufformen oder Muschelschalen
Vorbereitung: 25 Min. • Garzeit: 8–10 Min. bei 250 °C
Schwierigkeitsgrad: ✪✪

ZUTATEN

16 Jakobsmuscheln

Olivenöl

150 g Lauchstreifen
Salz und Pfeffer aus der Mühle
80 g Tomaten-Concassée (Tomatenwürfel ohne Haut)
1 kleine Schalotte, gehackt
20 g Butter
50 ml Weißwein oder Noilly Prat (franz. Vermouth)
100 ml Schlagobers (Sahne)
1 Prise Salz
1 Eigelb

KRÄUTERBRÖSEL
20 g Butter
40 g Semmelbrösel (Paniermehl)
10 g frisch gehackte Kräuter

ZUBEREITUNG

1. Für die Kräuterbrösel Butter, Semmelbrösel und frische Kräuter in einer Pfanne kurz anrösten.
2. Die geputzten tieferen Schalen der Jakobsmuscheln oder die kleinen flachen Förmchen mit etwas Olivenöl einfetten.
3. Die Lauchstreifen in etwas Olivenöl kurz anschwitzen, mit Salz und Pfeffer würzen und in den Muschelschalen oder Förmchen verteilen.
4. Pro Portion zwei halbierte Muscheln darauflegen und mit etwas Salz würzen.
5. Die Tomatenwürfel auf den Muscheln verteilen.
6. Die fein gehackte Schalotte in etwas Butter anschwitzen, mit Weißwein und Schlagobers aufgießen und stark einkochen, bis die Sauce eine cremige Konsistenz aufweist.
7. Etwas abkühlen lassen, mit etwas Salz würzen und das Eigelb zügig einrühren.
8. Die Sauce über den Muscheln verteilen, mit Kräuterbröseln bestreuen.
9. Etwa 8–10 Minuten bei 250 °C im vorgeheizten Grill indirekt grillen, den Deckel geschlossen lassen.

SCHRITT FÜR SCHRITT

KABELJAU
mit Kräutern und getrockneten Tomaten

Personen: 4 • Grillmethode: indirekt • Zubehör: Küchenmaschine, Gussrost
Vorbereitung: 30 Min. • Garzeit: ca. 20 Min. bei 180 °C • Schwierigkeitsgrad: ✪✪

ZUTATEN

1 Kabeljauloin,
800–900 g ohne Haut
Pfeffer und Meersalz
aus der Mühle
2 Frühlingszwiebeln
1 Bund frisches Basilikum
1 Bund frische Petersilie
200 g getrocknete Tomaten
in Öl
1 Zitrone
1 Stück Schweinsnetz,
ca. 30 x 40 cm
1 Zweig Rosmarin
150 g Serrano- oder
Parmaschinken

SCHRITT FÜR SCHRITT

ZUBEREITUNG

1. Das Kabeljauloin mit wenig Salz und Pfeffer würzen.
2. Die Frühlingszwiebeln in Ringe schneiden, bei den Kräutern nur die Blätter verwenden.
3. Die getrockneten Tomaten zusammen mit den Frühlingszwiebeln und den Kräutern in einer Küchenmaschine zu einer glatten Masse cuttern. Wenn die Paste zu dick wird, etwas Öl von den getrockneten Tomaten dazugeben. Mit etwas Zitronensaft abschmecken.
4. Das Schweinsnetz gut wässern und aufbreiten, mit Rosmarinnadeln bestreuen, danach den dünn geschnittenen Schinken nebeneinander auf dem Netz auflegen. Die Tomaten-Kräutermasse gleichmäßig auf dem Schinken verteilen, das gewürzte Kabeljauloin darauflegen und zuerst nur mit dem Schinken einrollen, vorsichtig zurechtrücken und mit dem Schweinsnetz einrollen.
5. Den Grill auf 180–200 °C vorheizen und die Kabeljaurolle indirekt am besten auf einem Gussrost platzieren. Alle 4–5 Minuten um eine Vierteldrehung weiterdrehen.
6. Wenn die Rolle rundherum gleichmäßig gegrillt ist, kurz rasten lassen und mit einem scharfen Messer portionieren.

SERVIERVORSCHLAG

Den Kabeljau mit Süßkartoffelpüree servieren.

TIPP

Das Rückenfilet, auch Loin, ist gleichmäßig dick und wird ausschließlich aus dem Rücken des Fischs ausgelöst. Beim normalen Filet ist der nach vorne immer dünner werdende Bauchlappen dabei. Wer kein Kabeljauloin bekommt, kann Filet verwenden, sollte es aber der Länge nach halbieren und wie beim Lachsforellenstrudel übereinanderlegen, siehe S. 112.

KAISERGRANATEN

Echte Scampi

Personen: 4 • Grillmethode: indirekt • Zubehör: Grillschale
Vorbereitung: 15 Min. • Garzeit: 10–12 Min. bei 200 °C
Schwierigkeitsgrad: ✪

ZUTATEN

1 kg Kaisergranaten,
Größe 8/12 Stück per kg
Salz und Pfeffer
aus der Mühle
2 Zehen Knoblauch
200 g Butter
1 EL frische,
gehackte Petersilie
1 Zweig frischer Rosmarin
4 EL Olivenöl

ZUBEREITUNG

1. Die Scampi der Länge nach halbieren und die Därme im Schwanz vorsichtig entfernen.
2. Auf einer leicht geölten Grillschale mit der Schnittfläche nach oben der Reihe nach anordnen. Mit Salz und Pfeffer aus der Mühle würzen.
3. Den Knoblauch schälen, blättrig schneiden und über die Scampi streuen.
4. Die Butter in kleine Stücke schneiden und auf den Schnittflächen gerecht verteilen.
5. Die gehackte Petersilie und den Rosmarin darüberstreuen und noch etwas Olivenöl darüberträufeln.
6. Die Grillschale im vorgeheizten Grill indirekt platzieren, die Grillhaube schließen und die Scampi 10–12 Minuten grillen.

TIPP

Wer glaubt, es ist zu viel Butter im Rezept, das stimmt schon: An den Scampi ist zwar nicht viel Fleisch, aber die Schalen aromatisieren die Butter, diese schmeckt dann herrlich nach Röstaromen, Knoblauch und Kräutern: einfach mit frischem Baguette aus der Grillschale tunken und genießen.

KARPFEN-DÖNER-KEBAB

Personen: 4 • Grillmethode: direkt • Zubehör: Gussrost, Grillplatte
Vorbereitung: 20 Min. • Garzeit: 6 Min. bei 200 °C
Schwierigkeitsgrad:

ZUTATEN

4 Karpfenfilets à 250 g, geschröpft
4 Dönerbrote (Fladenbrot)

MARINADE
2 Knoblauchzehen
¼ TL Salz
2 EL Olivenöl
1 TL Tomatenmark
½ TL rote Paprikaflocken
1 Prise Piment (Neugewürz), gemahlen
1 Prise Zimt
1 Prise Kreuzkümmel (Cumin)
1 Prise Thymian, gerebelt
1 Prise Pfeffer aus der Mühle

SAUCE
1 Zehe Knoblauch
Salz aus der Mühle
250 g Sauerrahm (saure Sahne)
etwas frisch geschnittener Dill

SALATGARNITUR
2 Tomaten, in Scheiben geschnitten
1 rote Zwiebel, in Viertelringe geschnitten
8 Blätter Krauthäuptelsalat
½ Gurke, halbiert und in Scheiben geschnitten
etwas Weißkraut (Weißkohl), dünn gehobelt

ZUBEREITUNG

1. Für die Marinade den Knoblauch mit Salz im Mörser fein zerstoßen und mit den anderen Zutaten vermischen.
2. Die Karpfenfilets mit Marinade bestreichen und mindestens 3 Stunden ziehen lassen.
3. In der Zwischenzeit die Knoblauchsauce zubereiten, den Knoblauch dazu im Mörser mit etwas Salz zerstoßen, danach mit Sauerrahm vermischen und mit Dill verfeinern.
4. Die Salatgarnitur vorbereiten.
5. In jedes Fladenbrot eine Tasche schneiden und im Grill am Warmhalterost anwärmen.
6. Die Karpfenfilets mit der Fleischseite nach unten ca. 3 Minuten grillen, wenden und weitere 3 Minuten grillen. Zum Grillen eignet sich eine heiße Gussplatte oder ein heißer Gussrost am besten.
7. Die Dönerbrote mit Salat füllen, danach das Karpfenfleisch mit einem scharfen Messer drei- bis viermal durchschneiden, in die Fladen füllen und mit der Knoblauchsauce vollenden.

KARPFEN IN DER SALZKRUSTE

mit Wurzelgemüse

Personen: 4 • Grillmethode: indirekt • Zubehör: feuerfeste Auflaufform, Backblech, Dutch Oven
Vorbereitung: 25 Min. • Garzeit: ca. 1 Std. bei 200 °C
Schwierigkeitsgrad: ✪

ZUTATEN

1 Karpfen, ausgenommen, ca. 1,5 kg

1 Bund Suppengemüse (Lauch, Karotten, Sellerie)
1 Zehe Knoblauch, blättrig geschnitten
Salz und Pfeffer aus der Mühle
1 EL Olivenöl

SALZKRUSTE
3 kg grobes Meersalz
3 Eiweiß
3 EL Wasser

ZUBEREITUNG

1. Das Suppengemüse waschen, schälen und danach in feine Streifen (Julienne) schneiden. Die Gemüsestreifen mit dem Knoblauch, mit Salz, Pfeffer und etwas Olivenöl vermischen.
2. Den Karpfen gut waschen und abtrocknen, das Gemüse in die Bauchhöhle füllen.
3. Das grobe Salz mit dem Eiweiß und etwas Wasser vermischen, es sollte sich klebrig anfühlen. Eine feuerfeste Form mit dem Salzgemisch ca. 1 cm hoch bedecken und den Karpfen darauflegen. Den Karpfen komplett mit Salz zudecken, er sollte rundherum mit Salz ummantelt sein.
4. Im vorgeheizten Grill ca. 1 Stunde bei 200 °C indirekt grillen.
5. Den Karpfen erst vor den Gästen vom Salz befreien und mit dem Wurzelgemüse anrichten.

TIPP

Auf Salzkartoffeln anrichten, mit etwas frisch geriebenem Kren (Meerrettich) bestreuen und mit brauner Butter beträufeln.

SCHRITT FÜR SCHRITT

KARTOFFELSTRUDEL

mit geräucherter Forelle

Personen: 4-6 (2 Strudel à 500 g) • Grillmethode: indirekt • Zubehör: Backblech oder Alufolie
Vorbereitung: 1 Std. • Garzeit: ca. 20 Min. bei 180 °C
Schwierigkeitsgrad: ✪✪

ZUTATEN

1 Packung Strudelteig, 120 g

20 g Olivenöl
80 g Butter
50 g Zwiebeln,
in kleine Würfel geschnitten
600 g Kartoffeln,
in der Schale gekocht,
geschält und grob gerieben
300 g geräuchertes
Forellenfilet ohne Haut,
in kleine Würfel geschnitten
100 g Sauerrahm
(saure Sahne)
frische gemischte Kräuter:
Majoran, Petersilie, Dill
Salz und Pfeffer
aus der Mühle

ZUBEREITUNG

1 Olivenöl und Butter zusammen in einer Pfanne schmelzen.

2 Die Hälfte in eine Tasse leeren, diese wird zum Bestreichen benötigt, im Rest die Zwiebeln glasig anschwitzen.

3 Die geriebenen Kartoffeln mit den restlichen Zutaten (Zwiebeln, Forelle, Sauerrahm, Kräuter und Gewürze) vermischen und abschmecken.

4 Den Strudelteig vorbereiten: Immer zwei Lagen Strudelteig übereinander verwenden! Die erste Lage mit dem Öl-Butter-Gemisch bestreichen, das zweite Strudelblatt darauflegen und wieder mit dem Öl-Butter-Gemisch bestreichen.

5 Zwei Drittel des Strudelblattes mit der kalten Kartoffelfülle gleichmäßig bestreichen. Den Strudel vorsichtig einrollen und mit dem Öl-Butter-Gemisch bestreichen. Auf einem befetteten Backblech im Grill indirekt platziert bei geschlossenem Deckel backen.

TIPP

Wer kein passendes Blech hat, faltet Alufolie mehrmals übereinander und legt jeweils einen Strudel darauf.

SERVIERVORSCHLAG

Den Strudel mit Joghurt-Schnittlauch-Sauce und frischen Blattsalaten servieren.

KNUSPRIGE GEFÜLLTE RIESENGARNELEN

Personen: 4 • Grillmethode: indirekt, direkt • Zubehör: Gussrost
Vorbereitung: 30 Min. • Garzeit: 8–10 Min. bei 200 °C
Schwierigkeitsgrad: ✪✪

ZUTATEN

12 größere Riesengarnelen, Größe U5 oder 6/8
6 getrocknete Tomaten
12 Blätter frisches Basilikum
Goli Steakgewürz
30 g Cornflakes
10 g gehackte Kürbiskerne
10 g Röstzwiebeln
24–36 Blätter Bauchspeck

ZUBEREITUNG

1. Die Garnelen schälen und in jede eine kleine ca. 3 cm lange Öffnung schneiden.
2. In jede Garnele eine halbe getrocknete Tomate und ein Blatt Basilikum stecken, beidseitig nur leicht mit dem Steakgewürz würzen.
3. Die Cornflakes im Mörser zerstoßen und mit den gehackten Kürbiskernen und den Röstzwiebeln vermischen.
4. Die Garnelen beidseitig in die Kürbisbrösel drücken und sofort mit je zwei Speckstreifen umwickeln. Bei Bedarf den Speck mit einem kleinen Metallspieß fixieren.
5. Die fertig vorbereiteten Garnelen am besten auf einem Gussrost direkt über der Glut je nach Hitze 4–5 Minuten pro Seite mit geschlossener Grillhaube grillen.

SERVIERVORSCHLAG

Mit Maispüree, Mais-Tacos und Salsa servieren.

SCHRITT FÜR SCHRITT

KNUSPRIGE SCHOLLENRÖLLCHEN

Personen: 4 • Grillmethode: indirekt • Zubehör: Alufolie, Backblech
Vorbereitung: 25 Min. • Garzeit: ca. 10 Min. bei 180 °C
Schwierigkeitsgrad: ✪✪

ZUTATEN

4 Schollenfilets, à ca. 120 g
Salz und Pfeffer aus der Mühle
4 Scheiben Rohschinken (z. B. San Daniele)
2 hartgekochte Eier
1 Knoblauchzehe
1 Bund gehackte Petersilie
1 Bund gehacktes Basilikum

2 EL Olivenöl
2 EL Butter
1 Packung Strudelteig, 120 g

ZUBEREITUNG

1. Jedes Schollenfilets der Länge nach durchschneiden und so aneinanderlegen, dass ein Rechteck entsteht, dieses mit Salz und Pfeffer würzen.
2. Auf jedes Rechteck ein Blatt Rohschinken legen.
3. Die gekochten Eier in kleine Würfel schneiden, mit Knoblauch und den frischen Kräutern vermischen. Die Eier-Kräuter-Masse auf den vorbereiteten Schollenfiletrechtecken verteilen und einrollen.
4. Olivenöl und Butter zusammen schmelzen.
5. Den Strudelteig vorbereiten: Immer zwei Lagen Strudelteig übereinander verwenden! Die erste Lage mit dem Öl-Butter-Gemisch bestreichen, das zweite Strudelblatt darauflegen und wieder mit dem Öl-Butter-Gemisch bestreichen.
6. Die Strudelblätter in ca. 10 cm breite Streifen schneiden, je ein gefülltes Schollenfilet darauflegen und einrollen.
7. Mit Butter bestreichen und auf einem Backblech platzieren.
8. Nach dem Backen schräg durchschneiden und anrichten.

SERVIERVORSCHLAG

Weißer Spargel und Sauce Hollandaise (Rezept S. 150) passen hervorragend zu den Schollenröllchen.

KNUSPRIGE SOFT-SHELL-KRABBEN
mit Mango-Avocado-Salsa

Personen: 4–6 • Grillmethode: direkt • Zubehör: Wokaufsatz, Wokpfanne
Vorbereitung: 45 Min. • Garzeit: ca. 4 Min. bei 180 °C
Schwierigkeitsgrad: ✪✪

ZUTATEN

12 gereinigte
Soft-Shell-Krabben à 55 g
3 EL Maismehl
oder Weizenmehl
(griffig; grober vermahlen)
½ TL Salz
½ TL Chili, gemahlen
½ TL schwarzer Pfeffer,
gemahlen
½ TL 5-Gewürze-Pulver

500 ml Sonnenblumenöl

MANGO-AVOCADO-
SALSA
200 g Mango
100 g Avocado
100 g Tomatenwürfel
ohne Haut
75 g rote Zwiebeln,
in kleine Würfel geschnitten
2 Zehen Knoblauch, gehackt
½ Schote Jalapeño, gehackt
50 g passierte Tomaten
Saft von 1 Limette
1 EL Apfelbalsamessig
1 EL Korianderblätter, gehackt
1 EL Petersilie, gehackt
65 ml bestes Olivenöl
1 TL Salz

ZUBEREITUNG

1. Die Soft-Shell-Krabben unter fließendem Wasser waschen und in einem Sieb abtropfen lassen.
2. Die restlichen Zutaten gut vermischen und die noch feuchten Krabben rundherum mehlieren. Das Öl im Wok auf ca. 180 °C erhitzen.
3. Die Krabben portionsweise ca. 4 Minuten knusprig frittieren, dabei zwei- bis dreimal wenden.
4. Für die Salsa die Mango in kleine Würfel schneiden, die Avocado schälen und ebenfalls in kleine Würfel schneiden. Die Mango, die Avocado, die Tomatenwürfel, die rote Zwiebel, den Knoblauch und die Jalapeño mit den passierten Tomaten vermischen. Mit Limettensaft, Apfelbalsamessig, Koriander, Petersilie, Olivenöl und Salz abschmecken. Die Salsa vor dem Servieren für 30 Minuten bei Raumtemperatur ziehen lassen.

KRABBEN-BURGER

oder „Surf & Turf Burger“

Personen: 4 • Grillmethode: direkt • Zubehör: Burgerpresse, Gussrost
Vorbereitung: 15 Min. • Garzeit: 6 Min. bei 250 °C
Schwierigkeitsgrad: ✪✪

ZUTATEN

400 g faschiertes Rindfleisch (Rinderhack)
1 Zweig Rosmarin, fein gehackt
20 g Golis Steakgewürz
30 g Röstzwiebeln
200 g Garnelen, roh, ohne Schale und entdarmt

4 Burgerbrote mit schwarzem Sesam (Rezept S. 156)

GARNITUR
80 g Olivenmayonnaise
100 g Rucolasalat
8 Gurkenscheiben
8 Tomatenscheiben
Honig-Senf-Sauce (Rezept S. 151)

OLIVENMAYONNAISE
1 Ei
½ EL Senf
½ EL Apfelessig
Salz und Pfeffer aus der Mühle
150 g Olivenöl

ZUBEREITUNG

1. Das Faschierte mit Rosmarin und Steakgewürz würzen und mit den Röstzwiebeln locker vermischen.
2. Die Garnelen würzen.
3. Die Burgerpresse leicht einölen, etwas Burgermasse einfüllen, ein paar Garnelen darauf verteilen und fest pressen, sodass ein schöner runder Patty entsteht.
4. Die Olivenmayonnaise zubereiten: Dazu alle Zutaten bis auf das Öl mit einem Stabmixer aufmixen und das Olivenöl bei laufendem Mixer ganz langsam dazugießen, am Anfang nur tropfenweise, danach per dünnem Strahl. Die Mayonnaise soll dabei binden und dick-cremig werden.
5. Den Grill vorheizen.
6. Die Burger pro Seite maximal 2–3 Minuten direkt grillen.
7. Die Burger folgendermaßen anrichten: Brotboden, Olivenmayonnaise, Rucolasalat, Gurken, etwas Salz aus der Mühle, Burger, Tomatenscheiben, Honig-Senf-Sauce, Brotdeckel.

SCHRITT FÜR SCHRITT

LACHS-BURGER
mit Apfelrahm

Personen: 4 • Grillmethode: direkt • Zubehör: Burgerpresse, Gussrost
Vorbereitung: 25 Min. • Garzeit: 6 Min. bei 200–220 °C
Schwierigkeitsgrad: ✪

ZUTATEN

500 g Lachsfilet ohne Haut
100 g Räucherlachs ohne Haut
2 Eigelb
½ Zehe Knoblauch, gepresst
½ EL Limettensaft
1 rote Zwiebel, in kleine Würfel geschnitten
1 EL gehackte Petersilie
Salz und Pfeffer aus der Mühle
40 g Panko Paniermehl oder Semmelbrösel

etwas Öl zum Grillen
etwas Butter
4 schwarze Burgerbrote (Rezept S. 156)

APFELRAHM
125 g Crème fraîche
50 g Mayonnaise
1 rote Zwiebel
1 Apfel
2 Essiggurken
Salz und Pfeffer aus der Mühle
etwas frisch geschnittener Dill

GARNITUR
8 Blätter Häuptelsalat
12 Tomatenscheiben

ZUBEREITUNG

1. Den Lachs und den Räucherlachs faschieren oder mit einer Küchenmaschine fein hacken, mit den restlichen Zutaten vermischen, zuletzt das Paniermehl dazugeben und die Masse 30 Minuten kühl stellen.
2. In der Zwischenzeit den Apfelrahm zubereiten, dazu die Crème fraîche mit der Mayonnaise verrühren, die Zwiebel, den Apfel und die Essiggurken in Streifen schneiden, dazugeben und abschmecken.
3. Aus der Fischmasse vier gleich große Burgerpattys formen, mit etwas Öl bestreichen und im vorgeheizten Grill am besten auf einem Gussrost direkt über der Glut platzieren.
4. Die Burger pro Seite maximal 2–3 Minuten direkt grillen. Gleichzeitig die halbierten Burgerbrote mit weicher Butter bestreichen und knusprig angrillen.

SERVIERVORSCHLAG

Die Burger folgendermaßen anrichten: Brotboden, Salat, Apfelrahm, Lachsburger, Tomatenscheiben, Brotdeckel.

LACHSFILET

auf der Planke gegrillt

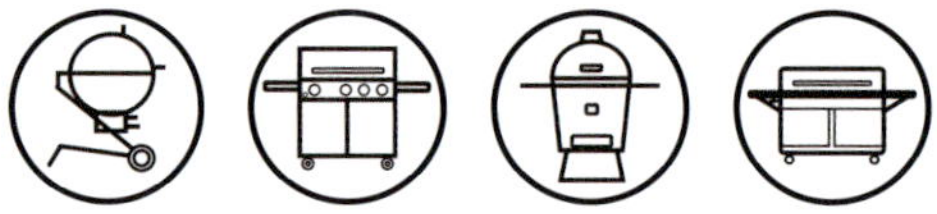

Personen: 4 • Grillmethode: indirekt • Zubehör: passendes Buchenbrett
Vorbereitung: 30 Min. • Garzeit: ca. 25 Min. bei 200–220 °C
Schwierigkeitsgrad: ✪✪

ZUTATEN

1 Lachsfilet mit Haut, geschuppt, ca. 800 g
Salz und Pfeffer aus der Mühle
1 Limette

1 Buchen- oder Zedernbrett

MARINADE
1 EL Limettensaft
1 EL Apfelessig
1 EL Chilisenf (z. B. von Fischerauer)
1 EL Kürbiskernsenf (z. B. von Fischerauer)
1 EL Honig
2 EL gehackte Petersilie
1 Zehe Knoblauch
Schalenabrieb von 1 Limette
1 TL Salz
50 ml Olivenöl

ZUBEREITUNG

1. Die Holzplanke mindestens 3 Stunden in Wasser einlegen.
2. Für die Marinade alle Zutaten mit einem Stabmixer aufmixen und nach und nach das Olivenöl zugeben, bis eine glatte, dickflüssige Masse entsteht.
3. Das Lachsfilet alle 2–4 cm bis zur Haut einschneiden. Vorsicht: nicht durchschneiden!
4. Das Filet salzen und pfeffern, halbe dünne Limettenscheiben in die Schnitte stecken und anschließend mit der Senfmarinade satt bestreichen.
5. Die gewässerte Buchenplanke ca. 5 Minuten direkt über der Glut platzieren und aufheizen.
6. Die Planke umdrehen, mit Öl bestreichen und das Lachsfilet darauf platzieren. Das Brett nun indirekt im Grill platzieren (neben der Glut).
7. Garzeit ca. 25 Minuten. Die Senfmarinade sollte eine goldbraune Färbung aufweisen.

LACHSFORELLEN-STRUDEL

Personen: 4-6 (2 Strudel à 600 g) • Grillmethode: indirekt • Zubehör: Backblech oder Alufolie
Vorbereitung: 1 Std. • Garzeit: ca. 20-25 Min. bei 180 °C • Schwierigkeitsgrad: ✪✪

ZUTATEN

1 Lachsforelle, ca. 1,2 kg oder
2 Filets à 250–300 g,
ohne Haut, Gräten gezupft
Salz und Pfeffer oder Golis
Fischgewürz (Rezept S. 155)
500 g kaltes Kartoffelpüree
frische gemischte Kräuter
100 g getrocknete Tomaten

je 1 EL Olivenöl und Butter
1 Packung Strudelteig, 120 g

SCHRITT FÜR SCHRITT

❶

❷

❸

ZUBEREITUNG

1 Die Lachsforelle filetieren, die Filets entgräten, häuten, die Lachsforellenfilets der Länge nach halbieren und würzen.
2 Die beiden Hälften so übereinanderlegen, dass ein gleichmäßig dicker Strang entsteht. Jedes Filet ergibt einen Strang.
3 Das Kartoffelpüree mit gehackten Kräutern vermengen.
4 Olivenöl und Butter zusammen schmelzen.
5 Den Strudelteig vorbereiten: Immer zwei Lagen Strudelteig übereinander verwenden! Die erste Lage mit dem Öl-Butter-Gemisch bestreichen, das zweite Strudelblatt darauflegen und wieder mit dem Öl-Butter-Gemisch bestreichen.
6 In der Mitte des Strudelblattes das kalte Kartoffelpüree ca. 2 cm dick und 5 cm breit aufstreichen. Auf dem Püree die in Würfel geschnittenen getrockneten Tomaten verteilen. Pro Strudel einen Strang Lachsforellenfilet auf dem Püree platzieren. Die Enden etwas einschlagen und den Strudel einrollen.
7 Nach dem Einrollen soll das Fischfilet auf dem Püree oben liegen.
8 Die fertigen Strudel mit dem Öl-Butter-Gemisch bestreichen. Auf einem befetteten Backblech im Grill backen.

TIPP

Wer kein passendes Blech hat, faltet Alufolie mehrmals übereinander und legt jeweils einen Strudel darauf.

SERVIERVORSCHLAG

Auf Blattspinat mit Pinienkernen, Kirschtomaten und Sauce Hollandaise (Rezept S. 150) servieren.

LACHSSTEAK „JERK"

auf Wokgemüse

Personen: 4 • Grillmethode: direkt • Zubehör: Gussrost, Wok, flacher Topf, Pfanne
Vorbereitung: 30 Min., mind. 5 Std. marinieren, besser über Nacht • Garzeit: Wokgemüse: 5 Min., Karpfensteak: ca. 8 Min. bei 180–200 °C • Schwierigkeitsgrad: ✪

ZUTATEN

4 Lachssteaks à 180 g, geschuppt
ca. 80 g Jerk-Paste

JERK-PASTE
3 Chilischoten
2 Frühlingszwiebeln
1 kleine Zwiebel
2 Zehen Knoblauch
20 g Petersilie
30 g frischer Ingwer
je 1 TL Thymian und Majoran, getrocknet
2 TL Piment, gemahlen
je ½ TL Pfeffer aus der Mühle und Muskatnuss, gerieben
¼ TL Zimt, gemahlen
1,5 EL grobes Salz
2 EL brauner Zucker
Saft von 1 Limette
je 3 EL Jamaica Rum, Sojasauce und Rapsöl
2 EL Weißweinessig

WOKGEMÜSE
2 Karotten
1 Stange Lauch
je 1 frischer Paprika, rot, gelb, orange oder grün
1 Zwiebel, 1 Zehe Knoblauch
1 kleiner Zucchino
3 EL Erdnussöl
Salz, Pfeffer aus der Mühle
Chili, frischer Ingwer oder Sojasauce nach Geschmack

ZUBEREITUNG

1. Die Jerk-Paste zubereiten, dazu zuerst die festen Zutaten in einer Küchenmaschine zerkleinern, danach die flüssigen Zutaten hinzufügen und alles zu einer cremigen Masse pürieren.
2. Die Lachssteaks beidseitig mit Jerk-Paste bestreichen und über Nacht im Kühlschrank zugedeckt marinieren lassen.
3. Die Lachssteaks ca. 3–4 Minuten auf jeder Seite direkt grillen. Der Grill sollte nicht zu heiß sein, da sonst die Jerk-Paste verbrennt.
4. Für das Wokgemüse das gesamte Gemüse in gleichmäßige Streifen schneiden.
5. In einem Wok oder in einer Eisenpfanne das Erdnussöl stark erhitzen, die Gemüsestreifen scharf darin anrösten und mit Salz und Pfeffer würzen, je nach Vorlieben mit Sojasauce, Chili oder frischem Ingwer abschmecken.
6. Als Beilage passt sehr gut Basmatireis.

TIPP

Jerk-Paste lässt sich sehr gut auf Vorrat produzieren und danach einfrieren. Die Paste wird auch im Tiefkühler nicht fest und lässt sich somit leicht entnehmen.

LASAGNE
mit Räucherlachs und Brokkoli

Personen: 6 (eine Form, Größe ca. 20 x 30 cm) • Grillmethode: indirekt • Zubehör: große Grillschale, Dutch Oven, rechteckig • Vorbereitung: 45 Min. • Garzeit: 30–40 Min. bei 180–200 °C
Schwierigkeitsgrad: ✪✪

ZUTATEN

250 g dünne Lasagneblätter ohne Vorkochen (12 Stück)
150 g kleine Brokkoliröschen, blanchiert
1 Bund frisches Basilikum
500 g Räucherlachs ohne Haut, vorgeschnitten
100 g Hartkäse, gerieben

TOMATENSAUCE
100 g Frühlingszwiebeln
2 Zehen Knoblauch
4 EL Olivenöl
60 g Tomatenmark
150 ml Gemüsefond
400 g gewürfelte Tomaten (Dose)
10 g Salz, Pfeffer aus der Mühle
2 Lorbeerblätter, Oregano, gerebelt, Thymian, gerebelt, Rosmarin, frisch gehackt
1 EL Zucker

SAUCE BÉCHAMEL
60 g Zwiebeln, fein geschnitten
40 g Butter
40 g glattes Mehl
(AT: Type W480, DE: Type 405)
500 ml Milch, Muskatnuss
Salz und Pfeffer aus der Mühle
2 Eigelb
100 g Hartkäse, gerieben

ZUBEREITUNG

1 Für die Tomatensauce die Frühlingszwiebeln in feine Ringe schneiden, den Knoblauch schälen und grob hacken.

2 Das Olivenöl in einer Pfanne erhitzen, den Knoblauch und die Frühlingszwiebeln kurz anschwitzen, das Tomatenmark zugeben, kurz anrösten, mit Gemüsefond und der Tomatensauce aufgießen, mit den restlichen Zutaten abschmecken und 15 Minuten auf kleiner Flamme einkochen lassen.

3 Für die Béchamelsauce in einem Topf die Zwiebelwürfel in Butter anschwitzen, das Mehl dazugeben und kurz aufschäumen lassen. Mit der Milch aufgießen und unter ständigem Rühren aufkochen lassen, abschmecken und ca. 10 Minuten auf kleiner Flamme köcheln lassen. In die etwas abgekühlte Béchamelsauce 2 Eigelb und 100 g geriebenen Hartkäse einrühren.

4 In eine feuerfeste Form in folgender Reihenfolge schichten: Zuerst Tomatensauce, dann Lasagneblätter, Sauce Béchamel, Brokkoliröschen und Basilikumblätter, zuletzt den Räucherlachs. Diese Reihenfolge ein zweites Mal wiederholen, beim dritten Mal die Sauce Béchamel zum Schluss darübergießen und mit geriebenem Hartkäse bestreuen.

MEDITERRANE OKTOPUSSPIESSE

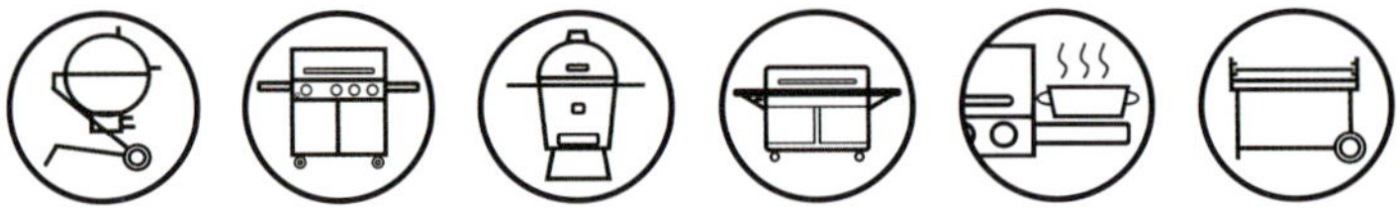

Personen: 4 • Grillmethode: direkt • Zubehör: Gussrost, Grillspieße
Vorbereitung: 30 Min. • Kochzeit: ca. 60–90 Min. • Garzeit: ca. 6 Min. bei 180 °C
Schwierigkeitsgrad: ✪✪

ZUTATEN

1 Oktopus, tiefgekühlt mit ca. 3 kg
4 Knoblauchzehen
1 kleiner roter Chili
1 Bund Petersilie
125 ml Olivenöl
Schale von 1 Orange
2 Lorbeerblätter
125 ml Wasser

MARINADE
3 Knoblauchzehen
1 TL Thymian, getrocknet
1 TL Oregano, getrocknet
1 Zweig frischer Rosmarin
½ TL grobes Meersalz
½ TL Pfefferkörner
100 ml Olivenöl

ZUBEREITUNG

1. Den Oktopus komplett auftauen lassen, den runden Körper samt Augen von den Fangarmen abtrennen und die Kauwerkzeuge in der Mitte herausdrücken, danach gründlich waschen.
2. Den Knoblauch schälen und blättrig schneiden, den Chili in feine Ringe schneiden, von der Petersilie werden nur die Stängel verwendet.
3. In einem großen Topf das Olivenöl erhitzen, den Knoblauch und den Chili glasig andünsten und den Oktopus im Ganzen dazugeben, die Hitze reduzieren, die Orangenschale, die Petersilstängel und die Lorbeerblätter dazugeben und zugedeckt im eigenen Saft schmoren lassen.
4. Bei Bedarf etwas Wasser zugießen, damit der Oktopus fast zur Gänze mit Flüssigkeit bedeckt ist. Der Oktopus muss ganz weich sein, wenn man mit einem Spieß hineinsticht.
5. Den Oktopus aus dem Sud nehmen und etwas abkühlen lassen, danach in gleich große Stücke schneiden und in eine Schüssel geben.
6. Für die Marinade Knoblauch, Thymian, Oregano, Rosmarin, Salz und Pfeffer im Mörser zerstoßen und mit Olivenöl verrühren.
7. Die Marinade über den Oktopus verteilen, kurz durchmischen und 30 Minuten ziehen lassen.
8. Den Oktopus auf Spieße stecken und direkt über der Glut bei mittlerer Hitze rundherum schön braun grillen.

SERVIERVORSCHLAG

„Pulpo Austria" – Oktopus trifft Kartoffelgulasch **(Rezept S. 151).**
Den Oktopus auf Kartoffeln in Tomaten-Paprika-Sauce, mit Kärntner Hauswürsten und Kapernbeeren servieren.

MEERESFRÜCHTE-SALAT

„Steiermark trifft Mittelmeer“

Personen: 4 • Grillmethode: direkt • Zubehör: Gussrost
Vorbereitung: 25 Min. • Garzeit: 6 Min. bei 200 °C
Schwierigkeitsgrad:

ZUTATEN

8 Calamari, ungeputzt, Größe C4 L oder C4
Salz und Pfeffer
Olivenöl
12 Garnelen mit Schale, Größe 13/15 oder 8/12
Steakgewürz
16 Miesmuscheln
2 große vorgekochte Kartoffeln
Chili-Knoblauchbutter (Rezept S. 56)

SALAT
1 Krauthäuptelsalat
2 EL Apfelbalsamessig
Salz und Pfeffer aus der Mühle
16 Kirschtomaten
1 Karotte, in Streifen geschnitten
4 EL steirisches Kürbiskernöl
2 EL geröstete Kürbiskerne

SAUERRAHMDIP
200 g Sauerrahm (saure Sahne)
1 EL Limettensaft
½ Zehe Knoblauch, gepresst
Minze- und Korianderblätter
Salz und Pfeffer aus der Mühle
1 mittelscharfe Chilischote

ZUBEREITUNG

1 Die Calamari putzen (siehe S. 46), mit Salz und Pfeffer würzen und mit Olivenöl einpinseln.
2 Die Garnelen halbieren, aber nicht ganz durchschneiden (Butterfly-Schnitt), mit Steakgewürz würzen und mit Olivenöl einpinseln. Die Muscheln bei Bedarf putzen.
3 Die Kartoffeln halbieren und in Spalten schneiden, mit Salz und Pfeffer würzen und mit Olivenöl marinieren.
4 Für den Dip den Sauerrahm mit Limettensaft und gepresstem Knoblauch glatt rühren, die Minze- und Korianderblätter in Streifen schneiden und unterheben, mit Salz und Pfeffer aus der Mühle abschmecken. Den Chili in Streifen schneiden und zum Garnieren beiseitestellen.
5 Den Grill vorheizen und zuerst die Kartoffelspalten am Rost platzieren. Wenn diese knusprig sind, die Garnelen und die Calamari auflegen und beidseitig grillen, diese mit der flüssigen Chili-Knoblauchbutter moppen, die Muscheln entweder auch am Rost oder in einer Pfanne mit etwas Olivenöl zubereiten.
6 Den Krauthäuptelsalat waschen, trocken schleudern und mit Apfelbalsamessig, Salz und Pfeffer durchmischen und auf Tellern anrichten. Die Calamari, die Garnelen und die Muscheln sowie die Kartoffeln über den Salat verteilen. Mit Kirschtomaten und Karottenstreifen garnieren und mit Kürbiskernöl und gerösteten Kürbiskernen vollenden.

MIESMUSCHELN

mit Wurzelgemüse im Alupack

Personen: 4 • Grillmethode: direkt • Zubehör: 4 Stück breite Alufolie
Vorbereitung: 15 Min. • Garzeit: ca. 5-8 Min. bei 200 °C • Schwierigkeitsgrad: ✪

ZUTATEN

2 kg frische Miesmuscheln

100 g Karotten
100 g Sellerie
100 g Lauch
200 g kleine Kirschtomaten
4 Zehen Knoblauch
1 Chilischote, nicht zu scharf
1 Bund Petersilie
Salz und Pfeffer aus der Mühle
4 kleine Lorbeerblätter
200 ml Weißwein oder Noilly Prat (franz. Vermouth)
60 g Butter

SERVIERVORSCHLAG

Als Beilage passt sehr gut gegrilltes Knoblauchbrot (Rezept S. 152).

ZUBEREITUNG

1. Karotten, Sellerie und Lauch julienne schneiden (2 mm breite Streifen). Die Kirschtomaten halbieren.
2. Den Knoblauch blättrig, die Chilischote in feine Ringe schneiden. Die Petersilie nicht zu fein schneiden.
3. Die Muscheln waschen und gegebenenfalls putzen, dabei kaputte und weit geöffnete, ausgetrocknete Exemplare aussortieren.
4. Vier gleich große Beutel aus Alufolie falten, dünnere Alufolie dabei am besten doppelt nehmen, dickere Grillfolie kann einlagig verwendet werden. Wichtig ist, dass jede Seite mindestens dreimal eingeschlagen wird, damit die Alupacks absolut dicht bleiben. Die fertigen Taschen sollten ca. 20 x 35 cm groß sein.
5. In jede Tasche die gleiche Menge Muscheln, Gemüse, Knoblauch, Chili und Petersilie geben. Danach die Beutel hochkant stellen und mit Salz, Pfeffer aus der Mühle und je einem Blatt Lorbeer würzen. Den Weißwein auf die vier Beutel aufteilen, in jede Tasche ein Stück Butter geben und danach fest verschließen, das heißt, mindestens dreimal einschlagen.
6. Die Beutel direkt am Grill platzieren und so lange grillen, bis sie komplett prall sind.
7. Durch die Hitze im Inneren des Alupacks bildet sich Dampf, der sich ausdehnt; die Muscheln garen sanft im eigenen Fond und das Gemüse wird wunderbar.
8. Die fertig gegrillten Alupacks erst am Tisch öffnen, der dabei entweichende Dampf duftet herrlich.

TIPP

Wer passende Grillschalen besitzt, kann auch diese verwenden und mit Alufolie fest verschließen.

PIZZA MIT RAUCHLACHS

und Meeresfrüchten

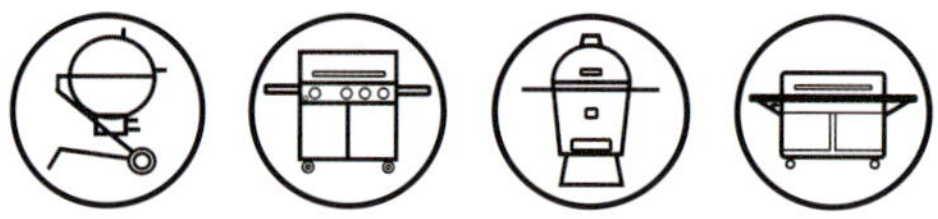

Portionen: 2 Pizzen à 30 cm • Grillmethode: indirekt • Zubehör: Pizzastein
Vorbereitung: 30 Min. • Garzeit: 8–10 Min. bei 200 °C
Schwierigkeitsgrad: ✪✪

ZUTATEN

200 g Mehl (AT: Type W700 glatt; DE: Type 550)
½ Würfel frische Germ (Hefe)
160 ml lauwarmes Wasser
50 g Hartweizengrieß (Durum Nudelgrieß)
1 TL Salz
1 TL brauner Zucker

BELAG
200 g Pizzatomaten aus der Dose
200 g Mozzarella, gerieben
100 g Räucherlachs, geschnitten
8 Stück Riesengarnelen, 26/30 roh, geschält
4 Stück Calamari, geputzt, in Ringe geschnitten
200 g Venusmuscheln mit Schale
8 Stück schwarze Oliven
8 Stück frische Basilikumblätter zum Garnieren

ZUBEREITUNG

1. Das Mehl in eine große Schüssel geben, in der Mitte eine Mulde eindrücken und die Germ hineinbröseln. Etwas lauwarmes Wasser auf die Germ gießen und kurz umrühren, danach ca. 15 Minuten an einem warmen Ort aufgehen lassen.
2. Den Hartweizengrieß, Salz, Zucker und das restliche Wasser dazugeben und zu einem festen Teig kneten, diesen 30 Minuten rasten lassen.
3. Danach zwei Kugeln formen und zugedeckt einmal aufgehen lassen.
4. Den Teig ausrollen und die Pizzen der Reihenfolge der Zutatenliste nach belegen.

RÄUCHERLACHS

trocken gesalzen – selbst gemacht

Portionen: 1 kg • Grillmethode: Räuchern • Zubehör: Räuchermehl, Sparbrand bzw. Kaltraucherzeuger • Vorbereitung: Fischfilet 24 Std. einsalzen, 12 Std. trocknen Garzeit: 24 Std. bei max. 15–20 °C • Schwierigkeitsgrad: ✪✪✪

ZUTATEN

1 Lachsfilet mit Haut, ca. 1 kg
60 g Salz
40 g brauner Zucker

oder nur 35 g Salz
pro kg Lachsfilet

TIPP

Die Außentemperatur beim Räuchern sollte maximal 20 °C betragen. In den wärmeren Monaten in der Nacht kalträuchern und am Tag den Räucherlachs wieder in den Kühlschrank legen. In den kalten Wintermonaten, wenn die Temperaturen unter 0 °C fallen, kann mithilfe einer Glühbirne die Temperatur beim Räuchern erhöht werden, da bei Glühbirnen über 90 % der Energie als Wärme abgegeben werden. Je nach Größe des Räucherschranks oder des Grills einfach eine Lampe mit 20–100 Watt in den Grill stellen.

ZUBEREITUNG

1. Das Lachsfilet bei Bedarf entgräten. Salz und Zucker vermischen und gleichmäßig auf dem Lachsfilet verteilen, 24 Stunden im Kühlschrank marinieren.
2. Nach 24 Stunden das Lachsfilet mit kaltem Wasser abwaschen, mit Küchenpapier abtrocknen und ca. 12 Stunden im Kühlschrank trocknen lassen. Es soll vor dem Räuchern trocken sein.
3. Das Lachsfilet entweder hängend oder liegend mit der Haut nach unten im Grill oder Räucherschrank platzieren.
4. Die Temperatur sollte während des ganzen Räuchervorgangs nicht über 30 °C steigen. Ideal sind ca. 15–20 °C.
5. Zum Kalträuchern eignet sich ein Kaltraucherzeuger, der mit Räuchermehl befüllt wird. Wichtig ist, das Räuchermehl fest zu verdichten; wenn es zu locker eingefüllt wird, kann es passieren, dass der Kaltraucherzeuger beim Abbrennen erlischt.
6. Zum Anbrennen einen kleinen Gasbrenner verwenden, nach 15 Minuten kontrollieren: Wenn Rauch entweicht, ist alles in Ordnung, sonst noch einmal neu anzünden.
7. Je nach Größe des Kaltraucherzeugers kann jetzt bis zu 20 Stunden lang permanent dezenter Rauch erzeugt werden. Beim Räuchern für gute Luftzufuhr sorgen, damit der Kaltraucherzeuger nicht ausgeht. Je nach Temperatur mindestens 16, besser 24 Stunden Räucherzeit einplanen.

SERVIERVORSCHLAG

Mit Kartoffelpuffern (Rezept S. 152) und Crème fraîche anrichten.

REGENBOGENFORELLE

mit Süßkartoffelfülle

Personen: 4 • Grillmethode: indirekt • Zubehör: Fischholder, Backpapier, Alufolie
Vorbereitung: 30 Min. • Garzeit: 15 Min. bei 200–220 °C
Schwierigkeitsgrad: ✪✪

ZUTATEN

4 Regenbogenforellen à 280 g
30 g Golis Fischgewürz (Rezept S. 155)
4 Zweige frischer Rosmarin
16 Blätter Bauchspeck, dünn geschnitten

FÜLLE
300 g Süßkartoffeln, in 2 cm große Würfel geschnitten
1 kleine Zwiebel, grob gewürfelt
1 Zehe Knoblauch, grob geschnitten
1 TL Koriandersamen, gestoßen
etwas frischer Rosmarin
Salz und Pfeffer aus der Mühle
2 EL Olivenöl
25 ml Schlagobers (Sahne)

ZUBEREITUNG

1. Für die Fülle die geschnittenen Süßkartoffeln und die Zwiebel mit dem Knoblauch auf ein Blatt Backpapier geben, mit Koriander, Rosmarin, Salz und Pfeffer aus der Mühle würzen und mit Olivenöl beträufeln. Das Backpapier wiederum auf ein gleich großes Stück Alufolie legen, am Rand rundherum einmal einschlagen und im vorgeheizten Grill platzieren.
2. Die Süßkartoffeln ca. 15 Minuten indirekt grillen, bis sie weich und leicht gebräunt sind.
3. Die heißen Süßkartoffelwürfel in eine Schüssel geben und mit dem kalten Schlagobers vermischen, bei Bedarf mit Salz und Pfeffer aus der Mühle nachwürzen.
4. Die Forellen innen und außen würzen. Die Süßkartoffelmasse in die Bauchhöhlen füllen und auf jede Forelle einen Zweig Rosmarin legen. Pro Forelle vier Streifen Bauchspeck im Abstand von 6 cm auflegen, den Fisch mittig platzieren und mit dem Speck umwickeln.
5. Mit den Spießen des Fischholders die fertigen Forellen genau bei den Speckstreifen fixieren und mit der Bauchhöhle nach oben im Halter einhängen.
6. Den bestückten Fischholder im vorgeheizten Grill indirekt platzieren und die Forellen ca. 15 Minuten grillen.

TIPP

Wer keinen Fischholder hat, fixiert die Speckstreifen mithilfe von Zahnstochern. Die Fische sollten dann aber indirekt neben der Glut gegrillt werden.

SHRIMPS-MUFFINS

Personen: 6 • Grillmethode: indirekt • Zubehör: Muffinformen
Vorbereitung: 30 Min. • Garzeit: 25–30 Min. bei 180–200 °C
Schwierigkeitsgrad: ✪✪

ZUTATEN

100 g Spaghetti
2 Tomaten
1 Frühlingszwiebel
1 kleine Chilischote
1 Zehe Knoblauch
1 Handvoll Petersilie und Basilikumblätter
150 g Shrimps, 90/120, gekocht und geschält
3 EL Olivenöl

½ Packung Strudelteigblätter
etwas flüssige Butter

3 Eier
90 ml Schlagobers (Sahne)
etwas Muskatnuss
Salz und Pfeffer aus der Mühle
40 g Parmesan, gerieben

ZUBEREITUNG

1. Die Spaghetti etwas weniger als „al dente" kochen und mit kaltem Wasser abspülen.
2. Die Tomaten schälen, entkernen und das Fleisch in Würfel schneiden (Concassée).
3. Die Frühlingszwiebel in Ringe scheiden, den Chili und den Knoblauch fein hacken und die frischen Kräuter in Streifen schneiden. Alle Zutaten in eine Schüssel geben, die Shrimps und das Olivenöl dazugeben und alles vermischen.
4. Die Muffinformen buttern.
5. Die Strudelteigblätter in 10 x 10 cm große Quadrate schneiden und mit flüssiger Butter bestreichen, immer zwei Blätter um 45° versetzt übereinander legen und in die Muffinformen drücken.
6. Die Nudeln in die vorbereiteten Formen füllen, die Shrimps-Gemüse-Mischung dabei gerecht aufteilen.
7. Die Eier mit Schlagobers versprudeln, kräftig würzen, aufmixen und über die Nudeln gießen.
8. Die Shrimps-Muffins zuletzt mit geriebenem Parmesan bestreuen.
9. Den Grill auf 180–200 °C vorheizen und die Formen indirekt platzieren. Grillzeit ca. 25–30 Minuten.

SPAGHETTI-PAKETE

mit Schneekrabbenfleisch

Personen: 4 • Grillmethode: direkt, indirekt • Zubehör: Wok, breites Backpapier
Vorbereitung: 1 Std. • Garzeit: ca. 12 Min. bei 180–200 °C
Schwierigkeitsgrad: ✪✪

ZUTATEN

200 g Spaghetti
1 EL Olivenöl
1 EL Butter
1 Zehe Knoblauch, blättrig geschnitten
1 kleine rote Zwiebel, in Streifen geschnitten
100 g Zuckerschoten, in Rauten geschnitten
80 g Schlagobers (Sahne)
Salz und Pfeffer aus der Mühle
40 g Krebsbutter

200 g ausgelöstes gekochtes Schneekrabbenfleisch (Snow Crab Meat, tiefgekühlt)
2 Tomaten, geschält und in Würfel geschnitten (Concassée)

4 Zweige Petersilie

ZUBEREITUNG

1. Die Spaghetti etwas weniger als „al dente" kochen, mit kaltem Wasser abspülen und abtropfen lassen.
2. Vier Bögen Backpapier à 38 x 42 cm mit etwas Olivenöl bestreichen. Auf jeden Bogen ein Viertel der gekochten Spaghetti mittig platzieren.
3. Olivenöl und Butter im Wok erhitzen, den Knoblauch und die Zwiebeln darin glasig andünsten, die Zuckerschoten dazugeben, mit Schlagobers aufgießen, kurz aufkochen lassen und mit Salz und Pfeffer aus der Mühle abschmecken. Die Sauce vom Herd nehmen und mit der Krebsbutter montieren (binden).
4. Das Krabbenfleisch und die Tomatenwürfel (Concassée) gleichmäßig auf die Spaghettiportionen aufteilen. Über jede Portion ca. 3–4 EL Sauce samt Einlage verteilen. Mit etwas Petersilie garnieren, danach jede Portion zu einem Paket verpacken.
5. Die Pakete am besten in eine Grillschale auf dem vorgeheizten Grill indirekt platzieren.
6. Die fertigen Spaghetti-Pakete auf Tellern anrichten und erst am Tisch öffnen.

SCHRITT FÜR SCHRITT

„STANGÖFISCH" ODER „STANGLFISCH"

aus dem Salzkammergut – das Original

Personen: 4 • Grillmethode: direkt • Zubehör: gewässerte Fichtenstäbchen, ca. 30-35 x 1,3 x 0,4 cm = „Stangl" • Vorbereitung: 10 Min. • Garzeit: 8-10 Min. bei 200-220 °C
Schwierigkeitsgrad: ✪

ZUTATEN

4 Riedlinge
mit 15-20 cm Länge
grobes Steinsalz

ALTERNATIVE
4 kleinere Reinanken,
Saiblinge oder Forellen
grobes Salz

INFOS

Der Riedling ist ein entfernter Verwandter der Reinanke und kommt nur im oberösterreichischen Traunsee vor. Der nur etwa 15-20 cm große Fisch schätzt die niedrigen Temperaturen im kältesten See Österreichs und lebt in einer Tiefe von bis zu 90 m. Nur selten steigt er höher und verfängt sich dabei in den Netzen der Fischer.
Auf Holzsteckerln gegrillte Makrelen haben mit dem Original „Stanglfisch" überhaupt nichts zu tun und gelten im Salzkammergut als absolutes „No-Go".

ZUBEREITUNG

1. Die Fische beim Ausnehmen nicht ganz aufschneiden, sondern nur vorne an den Kiemen 3-4 cm und hinten bei der Afteröffnung ca. 1 cm tief einschneiden. Danach kann man die Innereien gut herausziehen. Die Bauchhöhle unter fließendem Wasser gut ausspülen.
2. Das „Holzstangl" durchs Maul stecken und zum Schwanzende durch den Fisch hindurchschieben, bis es etwa 5 cm weit herausragt.
3. Wenn alle Fische aufgespießt sind, diese mit einem scharfen Messer auf beiden Seiten alle 5-10 mm einschneiden.
4. Mit etwas grobem Salz beidseitig würzen und 5-10 Minuten ziehen lassen.
5. Der traditionelle „Stanglfisch" wird nur auf Holzkohlegrills ohne Grillrost direkt gegrillt, der Abstand zur glühenden Kohle beträgt dabei ca. 10 cm. Je nach Hitze die Fische alle 2-3 Minuten wenden. Die Garzeit beträgt etwa 8-10 Minuten.
6. Weil der Riedling ein sehr feines Aroma besitzt, sollten keine Grillhölzer oder Holzchips beim Grillen verwendet werden, da der dabei entstehende Rauch den Geschmack beeinträchtigt.

TIPP

Als Beilage werden am Traunsee in Oberösterreich eine Scheibe Schwarzbrot und ein kleines Bier gereicht.

STEINBUTTFILET

Sepia, Erbse und Safran

Personen: 8 • Grillmethode: direkt • Zubehör: Gussrost
Vorbereitung: 30 Min. • Garzeit: ca. 6 Min. bei 200 °C
Schwierigkeitsgrad: ✪✪✪

ZUTATEN

4 Steinbuttfilets à 300 g
(1 Steinbutt, 2–3 kg)
geräuchertes Salz
1 Zweig Rosmarin
4 EL Olivenöl

RISOTTO
Zutaten wie im
Rezept auf S. 153
1 EL Tintenfischtinte
für Risotto

SAFRANCREME
40 g Schalotten
20 g Butter
100 g mehlige Kartoffeln,
geschält und gewürfelt
Safran
100 g Fischfond
(Rezept S. 154)
30 g Schlagobers
Salz aus der Mühle

ERBSENPÜREE
50 g Schlagobers (Sahne)
50 g Butter
400 g Erbsen, tiefgekühlt
Salz aus der Mühle
1 Prise Muskatnuss

ZUBEREITUNG

1. Den Steinbutt filetieren und aus jedem Filet 2 Portionen schneiden.
2. Die Filets mit geräuchertem Salz würzen, die Rosmarinnadeln mit Olivenöl mischen und die Steinbuttfilets damit einpinseln. Die Filets auf beiden Seiten ca. 3 Minuten grillen.
3. Für die Safrancreme die Schalotten fein würfeln, in Butter anschwitzen, die Kartoffelwürfel und den Safran dazugeben, mit Fischfond aufgießen und alles weich dünsten, danach mit Schlagobers kurz aufmixen und abschmecken.
4. Für das Erbsenpüree das Schlagobers und die Hälfte der Butter aufkochen. Die Erbsen dazugeben, mit Salz und Muskatnuss würzen, ca. 5 Minuten kochen lassen, danach in einem Mixer sehr fein pürieren und mit etwas Salz und Butter abschmecken.
5. Das schwarze Risotto zubereiten wie auf Seite 153, die Tintenfischtinte dazugeben, nachdem der Wein zugegeben wurde.

STEIRISCHES WALLERGULASCH

Personen: 4-6
Vorbereitung: 45 Min. • Garzeit: ca. 30 Min. bei 120 °C
Schwierigkeitsgrad: ✪

ZUTATEN

500 g Zwiebeln, würfelig geschnitten
50 g Butterschmalz
20 g Mehl (AT: Type W480 glatt; DE: Type 405)
3 EL Paprikapulver, edelsüß
1 EL Apfelessig
600 ml Fischfond
Salz
40 g Gulaschgewürz
800 g Welsfilet (Waller) rot ohne Haut, in 4 cm große Stücke geschnitten
200 g gelbe Paprika, in Würfel geschnitten
200 g kleine Kirschtomaten
20 g ganze Kürbiskerne

GULASCHGEWÜRZ
Lorbeerlaub, Knoblauch, Zitronenschale
Thymian, Majoran
Pfefferkörner, Kümmel, ganz, Wacholderbeeren, im Mörser zerstoßen, bis eine feine Paste entsteht

ZUBEREITUNG

1. Den Dutch Oven erhitzen, die Zwiebeln in Butterschmalz goldbraun rösten. Mehl und Paprikapulver dazugeben, kurz anrösten und mit Essig und Fischfond aufgießen.
2. Den Ansatz aufkochen lassen, mit Salz und Gulaschgewürz abschmecken.
3. Die Wallerstücke, die Paprikawürfel, die Kirschtomaten und die Kürbiskerne in den fertigen Gulaschansatz geben, gut umrühren und ca. 15 Minuten mit geschlossenem Deckel köcheln lassen. Vor dem Anrichten bei Bedarf mit Salz und Pfeffer aus der Mühle nachwürzen.

TIPP

Dazu passen sehr gut Kartoffeln und ein Glas Most.

SURF & TURF

Personen: 4 • Grillmethode: direkt • Zubehör: Gussrost, Timer
Vorbereitung: 5 Min. • Garzeit: medium ca. 10–12 Min. bei 250 °C + 4 Min. rasten
Schwierigkeitsgrad: ✪✪

ZUTATEN

4 kleinere Rinder-Filetsteaks
à 180 g, 4 cm dick
20 g Steakgewürz
2 EL Erdnussöl
4 große Riesengarnelen
mit Schale, z. B. Größe U5
Salz und Pfeffer aus der Mühle
2 rote Spitzpaprika
Zitronenthymian
2 EL Olivenöl
4 vorgekochte
größere Kartoffeln

ZUBEREITUNG

1. Die Steaks beidseitig mit Steakgewürz würzen und mit Erdnussöl einpinseln.
2. Bei den Garnelen längs die Hälfte der Schale entfernen, mit Salz und Pfeffer aus der Mühle würzen und ebenfalls mit Erdnussöl einpinseln.
3. Die Spitzpaprika halbieren, mit Salz, Pfeffer aus der Mühle und etwas Zitronenthymian würzen und mit Olivenöl einpinseln.
4. Die vorgekochten Kartoffeln je in zwei gleich dicke Scheiben schneiden, diese mit Salz und Pfeffer aus der Mühle würzen und mit Erdnussöl einpinseln.
5. Den Grill auf ca. 250 °C vorheizen. Die Grillhaube sollte außer beim Wenden immer geschlossen bleiben.

GARZEITEN

Steaks medium: ca. 10–12 Minuten, dreimal wenden + 5 Minuten rasten
Garnelen: ca. 6 Minuten, einmal wenden
Paprika: ca. 6 Minuten, einmal wenden
Kartoffeln: 12 Minuten, einmal wenden

GRILLZEITEN

BEI EINEM STEAK MIT 4 CM DICKE

rare – ca. 2 Minuten/Seite
medium rare – ca. 4 Minuten/Seite
medium – ca. 6 Minuten/Seite
medium well – ca. 7 Minuten/Seite
well done – ca. 8 Minuten/Seite

THUNFISCH-BAGUETTES

Personen: 4 • Grillmethode: indirekt
Vorbereitung: 10 Min. • Garzeit: 12-15 Min. bei 180 °C
Schwierigkeitsgrad: ✪

ZUTATEN

1 Packung Baguette zum Aufbacken
1 Becher Frischkäse, Kräuter oder Kren (Meerrettich) (z. B. Bresso)
2 Tomaten, in dünne Scheiben geschnitten
Salz und Pfeffer aus der Mühle
100 g Pizzakäse
1 Dose Thunfisch, 150 g Abtropfgewicht
1 rote Zwiebel, in Würfel geschnitten
12 schwarze Oliven, halbiert
16 Kapern
etwas Oregano

ZUBEREITUNG

1. Die Baguettes der Länge nach halbieren.
2. Mit Frischkäse bestreichen und in der Reihenfolge der Zutatenliste belegen.
3. Den Grill auf ca. 180 °C vorheizen. Backzeit ca. 15 Minuten.

THUNFISCHSTEAK ASIA-STYLE

Personen: 4 • Grillmethode: direkt • Zubehör: Gussrost
Vorbereitung: 30 Min., marinieren mind. 3 Std. • Garzeit: 4–8 Min. bei 200 °C
Schwierigkeitsgrad: ✪

ZUTATEN

4 frische Thunfischsteaks
à 250 g, Sashimi-Qualität

20 g Misopaste
100 ml süße Sojasauce
1 EL Honig
Saft und Schale von 1 Limette
1 EL Sesamöl
1 TL schwarzer Sesam
1 kleiner Thaichili,
fein geschnitten
1 TL frischer Ingwer, gerieben
1 TL frischer Knoblauch,
gerieben
2 TL frische Korianderblätter,
geschnitten

2 EL Erdnussöl

ZUBEREITUNG

1. Die Misopaste, die süße Sojasauce, den Honig, den Limettensaft und die geriebene Schale, Sesamöl und Sesam, den Thaichili, den Ingwer, den Knoblauch und den Koriander in einer Schüssel vermischen. Etwa ein Drittel der Sauce beiseitestellen.
2. Mit der restlichen Marinade die Thunfischsteaks am besten in einem Tiefkühlbeutel im Kühlschrank 3–4 Stunden marinieren. Bei Gelegenheit den Beutel umdrehen, damit die Thunfischsteaks von allen Seiten gleichmäßig durchziehen.
3. Die Thunfischsteaks aus dem Kühlschrank nehmen und die Marinade leicht abtupfen, danach die Thunfischsteaks mit Küchenpapier zudecken und ca. 30 Minuten bei Zimmertemperatur temperieren und etwas abtrocknen lassen.
4. Den Grill auf ca. 200 °C vorheizen, die Steaks auf beiden Seiten mit Erdnussöl bestreichen, am Grill direkt über der Glut platzieren und je nach gewünschtem Garpunkt 2–4 Minuten grillen. Der Garpunkt lässt sich an den Seiten der Steaks während des Grillens ablesen und variiert je nach Dicke und Grilltemperatur. Nach 2–4 Minuten die Steaks vorsichtig wenden und auf der anderen Seite fertiggrillen.
5. Kurz ruhen lassen und mit einem scharfen Messer in ca. 1 cm dicke Tranchen schneiden, diese mit der beiseitegestellten Marinade beträufeln und servieren.

TIPP

Als Beilage passen sehr gut Glasnudeln, Reis, Wokgemüse oder Salat.

TINTENFISCHTUBEN
aus dem Wok

Personen: 4 • Grillmethode: direkt • Zubehör: Wokaufsatz, Wokpfanne
Vorbereitung: 25 Min. • Garzeit: ca. 10 Min.
Schwierigkeitsgrad: ✪

ZUTATEN

500 g Tintenfischtuben, tiefgekühlt, U10 oder U5
2 Frühlingszwiebeln
3 Schalotten
Erdnussöl

WOKGEWÜRZ
2 Zehen Knoblauch
1 Stück frischer Ingwer
2 Chilischoten
Erdnussöl

SAUCE
40 ml Sojasauce
40 ml Teriyakisauce
40 ml Sherry oder Reiswein
30 ml Asia-Fischsauce
20 ml Sesamöl
etwas brauner Zucker
etwas schwarzer Pfeffer

ZUBEREITUNG

1 Die Tintenfischtuben aufschneiden, mit der Hautseite nach unten auf ein Brett legen, kreuzförmig einschneiden, aber nicht durchschneiden, danach in etwa 3 x 3 cm große Stücke schneiden.

2 Die Frühlingszwiebeln schräg in 5 mm breite Ringe schneiden, die Schalotten halbieren und in Streifen schneiden.

3 Den Knoblauch, den Ingwer und die Chilischoten fein hacken und mit etwas Erdnussöl vermischen.

4 Alle Zutaten für die Sauce zu einer Marinade verrühren.

5 Im Wok Erdnussöl erhitzen, die Tintenfischstücke bei hoher Hitze kurz anbraten und auf einen Teller geben. Die Wokpfanne säubern, frisches Öl erhitzen und die Zwiebeln und die Frühlingszwiebeln scharf anbraten, das Wokgewürz dazugeben, kurz weiterrösten, als Nächstes den angebratenen Tintenfisch dazugeben und 1 Minute Pfannenrühren, zum Schluss mit der Marinade aufgießen und ca. 2 Minuten einkochen lassen.

TIPP

Ich verwende bei der Zubereitung dieses Gerichts zwei Wokpfannen, dann brauche ich die Pfanne zwischendurch nicht sauber machen.

ZANDERFILET

konfiert

Personen: 4 • Grillmethode: indirekt • Zubehör: Grillschale, genaues Thermometer, Grillplatte, Gussrost • Vorbereitung: 30 Min. • Garzeit: ca. 12 Min. bei 60 °C
Schwierigkeitsgrad: ✪✪✪

ZUTATEN

2 Zanderfilets, geschuppt, à 400 g
400 ml gutes Olivenöl
1 Zweig Rosmarin
1 Stück Zitronenschale
1 Zehe Knoblauch
geräuchertes Salz

ZUBEREITUNG

1. Die Zanderfilets entgräten und portionieren.
2. Das Olivenöl zusammen mit dem Rosmarinzweig, der Zitronenschale und der Knoblauchzehe in einer Grillschale auf ca. 70 °C erhitzen. Die Zanderfilets mit der Hautseite nach oben in das Öl legen. Sie müssen vom Öl komplett bedeckt sein.
3. Die Grillschale im Grill bei höchstens 80 °C indirekt platzieren und die Zanderfilets ca. 12 Minuten schonend garen (konfieren). Das Öl dabei mit einem Thermometer ständig kontrollieren, die Temperatur sollte nicht über 60 °C steigen.
4. Die Filets vorsichtig aus dem Öl heben, mit geräuchertem Salz würzen und ganz kurz, nur auf der Hautseite, auf einer Gussplatte oder einem Gussrost grillen, damit zum einen die Haut etwas gebräunt wird und sich zum anderen geschmackvolle Röstaromen entwickeln.

TIPP

Das übrig gebliebene Öl kann zum Grillen, Braten und Dämpfen von Fisch oder Gemüse weiterverwendet werden. Dazu auskühlen lassen, durch ein feines Sieb in einen Messbecher gießen, ca. 1 Tag zugedeckt stehen lassen. Danach nochmals abseihen. Das Öl, gut verschlossen, kühl und dunkel gelagert, ist noch mindestens 14 Tage haltbar.

SERVIERVORSCHLAG

Mit Minispargel, glasierten Erdbeeren und Spargelrisotto anrichten.

ERBSENPÜREE

Personen: 4 • Grillmethode: direkt • Zubehör: Wok, passender Topf oder Pfanne
Vorbereitung: 5 Min. • Garzeit: ca. 10 Min. • Schwierigkeitsgrad: ✪

ZUTATEN

400 g Erbsen, tiefgekühlt

50 g Schlagobers (Sahne)
50 g Butter
Salz aus der Mühle
1 Prise Muskatnuss

SERVIER-VORSCHLAG

Das Erbsenpüree passt ausgezeichnet zum Steinbuttfilet (Rezept S. 136).

ZUBEREITUNG

1 Das Schlagobers und die Hälfte der Butter aufkochen.
2 Die Erbsen dazugeben, mit Salz und Muskat würzen, ca. 5 Minuten kochen lassen, danach in einem Mixer sehr fein pürieren und mit Salz und Butter abschmecken. Ist das Püree zu dick, etwas Schlagobers dazugeben.

TIPP

Für Maispüree einfach statt Erbsen die gleiche Menge Mais (tiefgekühlt) verwenden.

SAUCE HOLLANDAISE

Portionen: 400 ml • Zubehör: ISI Gourmet-Whip (500 ml) + Sahne-Kapseln
Vorbereitung: 15 Min. • Schwierigkeitsgrad: ✪✪✪

ZUTATEN

300 g Butter, 3 Eigelb
4 EL Weißwein
1 EL Zitronensaft
1 TL Aromat oder Salz
und Pfeffer aus der Mühle

TIPP

Wird die Sauce sofort verwendet, muss sie nicht in eine ISI-Flasche gefüllt werden. In der ISI-Flasche kann die Sauce Hollandaise mehrere Stunden warm gehalten werden.

ZUBEREITUNG

1 Die Butter in einem Kochtopf so lange aufkochen, bis sie klar und leicht gebräunt ist, den aufsteigenden Schaum abschöpfen. Die Butter etwas abkühlen lassen.
2 Die Eigelbe mit Weißwein und Zitronensaft über Dampf cremig aufschlagen.
3 Die geklärte Butter (ca. 50 °C) zuerst tropfenweise, dann nach und nach unterrühren. Es muss eine Emulsion (Verbindung von Ei und Fett) entstehen. Abschmecken.
4 Die Sauce in eine 500-ml-ISI-Flasche füllen, eine Sahnekapsel aufschrauben und kräftig schütteln.
5 Die ISI-Flasche in einem Wasserbad bei maximal 75 °C warm halten.

KARTOFFELGULASCH

Personen: 4 • Grillmethode: direkt • Zubehör: Topf
Vorbereitung: 20 Min. • Garzeit: 25 Min. • Schwierigkeitsgrad: ✪

ZUTATEN

200 g Zwiebeln
600 g festkochende Kartoffeln
je 100 g roter und gelber Paprika
40 g Butterschmalz
20 g Paprikapulver, edelsüß
½ EL Essig
350 ml Rindsuppe
je 1 TL Kümmel und Majoran
2 Zehen Knoblauch, gepresst
je 1 Prise Salz und Pfeffer

ZUBEREITUNG

1 Die Zwiebeln schälen und fein schneiden. Die Kartoffeln schälen und vierteln. Die Paprikaschoten entkernen und in 2 cm große Rauten schneiden.

2 Butterschmalz in einem Topf erhitzen, die Zwiebeln goldbraun anrösten, Paprikapulver dazugeben, kurz anrösten, mit Essig ablöschen und mit der Suppe aufgießen, mit Kümmel, Majoran und Knoblauch abschmecken und die Kartoffeln zugeben. 10 Minuten köcheln lassen.

3 Die Paprikarauten dazugeben, weitere 5 Minuten köcheln lassen, salzen und pfeffern.

SERVIERVORSCHLAG

Das Kartoffelgulasch harmoniert sehr gut mit den Oktopusspießen (Rezept S. 118).

SENF-HONIG-DILL-SAUCE

Personen: 4 • Vorbereitung: 10 Min. • Schwierigkeitsgrad: ✪

ZUTATEN

4 EL scharfer Senf
3 EL Zucker oder Honig
2 EL Apfelessig
2 EL frisch geschnittener Dill
150 g Rapsöl

ZUBEREITUNG

1 Bis auf das Öl alle Zutaten miteinander verrühren, mit einem Stabmixer das Öl nach und nach einrühren. Die Sauce sollte dabei binden und eine dicke Konsistenz erhalten.

TIPP

Die Sauce passt hervorragend zum „Graved" Lachsforellenfilet (Rezept S. 84).

KARTOFFELPUFFER

Personen: 4 • Grillmethode: direkt • Zubehör: Grillplatte
Vorbereitung: 30 Min. • Garzeit: 5 Min. • Schwierigkeitsgrad: ✪

ZUTATEN

800 g mehlige Kartoffeln, geschält
1 Zwiebel, 1 Zehe Knoblauch
2 Eier
Salz und Pfeffer aus der Mühle
geriebene Muskatnuss
1 EL gehackte Petersilie
Erdnussöl zum Ausbacken

SERVIERVORSCHLAG

Probieren Sie die Kartoffelpuffer zu Räucherlachs (Rezept S. 126).

ZUBEREITUNG

1. Kartoffeln und Zwiebel grob zerkleinern, zusammen mit Knoblauch, Eiern und Gewürzen in der Küchenmaschine (mit Multi-Messer) zu einem dicken Brei verarbeiten. Dabei die Maschine dreimal 5 Sekunden bei sehr hoher Drehzahl betätigen. Alternativ eine feine Reibe verwenden. Die fertige Masse zügig verarbeiten, bevor sie braun wird.
2. Die Puffer bei mittlerer Temperatur auf der Grillplatte ausbacken. Auf Küchenpapier abtropfen lassen und sofort servieren. Nicht zugedeckt lagern, weil sie durch den Dampf weich werden und nicht mehr kross sind.

KNOBLAUCHBROT

Portionen: 8 Stück • Grillmethode: indirekt • Vorbereitung: 10 Min. • Garzeit: 8-10 Min. bei 180 °C
Schwierigkeitsgrad: ✪

ZUTATEN

2 Packungen Baguette zum Aufbacken
200 g Butter
Salz und Pfeffer aus der Mühle
4 Zehen Knoblauch oder nach Geschmack
1 EL frische gehackte Kräuter

ZUBEREITUNG

1. Die Baguettes von oben gesehen der Länge nach halbieren, somit sieht jede Hälfte gleich aus.
2. Die Baguettes mit Knoblauchbutter bestreichen.
3. Den Grill auf ca. 180 °C vorheizen. Backzeit 8–10 Minuten.

TIPP

Wer die Knoblauchbrote auf einem Direktgrill zubereiten möchte, sollte die Baguettes vorher aufbacken, abkühlen lassen und anschließend wie oben beschrieben weiter verarbeiten. Die Grillzeit beträgt dann nur 1-2 Minuten.

RISOTTO
Grundrezept

Personen: 4 • Grillmethode: direkt • Zubehör: Wok, passender Topf oder Pfanne
Vorbereitung: 10 Min. • Garzeit: ca. 25 Min. bei 100 °C • Schwierigkeitsgrad: ✪✪

ZUTATEN

1 Zwiebel
100 g Butter
250 g Risottoreis
100 ml Weißwein
650 ml Fischfond
(Rezept S. 154)
oder Geflügelfond
Meersalz und Pfeffer
aus der Mühle
70 g Parmesan, gerieben

ZUBEREITUNG

1. Die Zwiebel feinwürfelig schneiden und in der Hälfte der Butter in einem größeren Topf glasig dünsten.
2. Den Reis einrühren, ganz kurz anlaufen lassen, mit Weißwein ablöschen und bei starker Hitze kräftig einkochen.
3. Unter stetigem Rühren den heißen Fond nach und nach zugießen, immer nur so viel, dass der Reis gerade bedeckt ist.
4. Salzen, pfeffern und unter beständigem Rühren bei mittlerer Hitze 18–20 Minuten al dente garen. Den Topf von der Kochstelle nehmen, den frisch geriebenen Parmesan einrühren und mit der restlichen Butter montieren (sämig aufrühren).

TIPP

Die Menge der eingerührten Butter hängt vom persönlichen Geschmack ab. Es gibt Risottoliebhaber, die das Einrühren der Butter gänzlich ablehnen, andere wiederum schätzen die durch die Butter hervorgerufene mollig-cremige Konsistenz ihres Risottos überaus.

APFELKREN

Personen: 4 • Vorbereitung: 10 Min. • Schwierigkeitsgrad: ✪

ZUTATEN

250 g geriebene Äpfel, möglichst säuerlich
etwas Zitronensaft
3 EL frisch geriebener Kren (Meerrettich)
Salz, Zucker und Pfeffer aus der Mühle

ZUBEREITUNG

1. Die geriebenen Äpfel sofort mit Zitronensaft beträufeln.
2. Den geriebenen Kren unterrühren und mit Salz, Zucker und etwas Pfeffer aus der Mühle abschmecken.

SERVIERVORSCHLAG

Hervorragend schmeckt der Apfelkren zum „Graved" Lachsforellenfilet (Rezept S. 84).

FISCHFOND

Portionen: 1 l • Grillmethode: direkt • Zubehör: passender Topf
Vorbereitung: 20 Min. • Garzeit: ca. 30 Min. • Schwierigkeitsgrad: ✪

ZUTATEN

1 kg Fischkarkassen ohne Kiemen
1 große Zwiebel
je 100 g Karotten und Sellerie
1 Zehe Knoblauch
3 EL Olivenöl
100 ml Weißwein
1 l Wasser
einige Dill- und Petersilstängel
3 Lorbeerblätter, ½ EL Salz
1 TL weiße Pfefferkörner

ZUBEREITUNG

1. Die Fischkarkassen in nicht zu kleine Stücke schneiden, mit kaltem Wasser gut waschen.
2. Die Zwiebel und das Gemüse grob schneiden, den Knoblauch leicht andrücken.
3. Olivenöl in einem großen Topf erhitzen, Zwiebeln, Gemüse und Knoblauch anschwitzen, Fischkarkassen dazugeben und mit Weißwein und kaltem Wasser aufgießen. Die restlichen Zutaten dazugeben und den Fond ganz leicht wallend 25 Minuten kochen lassen. Aufsteigenden Schaum mehrmals abschöpfen.
4. Den fertigen Fischfond durch ein feines Sieb oder noch besser durch ein Etamin (Passiertuch) seihen.

TIPPS

Meeresfischkarkassen von Steinbutt, Seezunge oder Lachs eignen sich besonders für Fischfond. Wer nur Süßwasserfische bekommt, sollte auf Hecht, Weißfisch oder Zanderkarkassen zugreifen. Eine interessante Geschmacksrichtung entsteht, wenn man Karkassen von geräucherten Forellen und Saiblingen verwendet.

GOLIS FISCHGEWÜRZSALZ

Portionen: 1 kg • Vorbereitung: 10 Min. • Schwierigkeitsgrad: ✪

ZUTATEN

je 400 g Selleriesalz und feines Meersalz
30 g Basilikum, getrocknet
30 g Petersilie, getrocknet
30 g Dillspitzen (z. B. Thüringer)
30 g Zwiebelgranulat kalifornisch
20 g Knoblauchgranulat kalifornisch
20 g Zitronengras, gemahlen
20 g Bockshornklee, gemahlen
20 g Chili, gemahlen

ZUBEREITUNG

1 Für das Fischgewürzsalz alle Zutaten sorgfältig miteinander vermengen.

HUMMERSAUCE

Personen: 4 • Grillmethode: direkt • Zubehör: Wok, Stielpfanne, Topf
Vorbereitung: 25 Min. • Garzeit: 1 Std. auf kleiner Flamme köcheln • Schwierigkeitsgrad: ✪✪

ZUTATEN

Hummerkarkassen, grob geschnitten
(2 Hummer à 450 g)
2 EL Rapsöl
150 g Wurzelgemüse, 1 cm große Würfel
(Karotten, Sellerie, Lauch, Zwiebel)
1 Tomate, geviertelt, etwas Tomatenmark
1 Zehe Knoblauch
30 ml Cognac oder Weinbrand
60 ml Noilly Prat (franz. Vermouth)
300 ml Fisch- oder Geflügelfond
1 Lorbeerblatt, 1 Nelke, 2 Wacholderbeeren, 1 Zweig Thymian, 1 Zweig Dill
250 g Schlagobers (Sahne)
Salz und Pfeffer aus der Mühle
2 EL Butter

ZUBEREITUNG

1 Die trockenen Hummerkarkassen im Wok bei starker Hitze in Rapsöl anrösten. Das Wurzelgemüse dazugeben, weiterrösten.

2 Die Tomate, das Tomatenmark und den Knoblauch dazugeben, weiterrösten. Mit Cognac und Noilly Prat ablöschen und aufkochen lassen, mit Fond aufgießen.

3 Würzen mit Lorbeer, Nelke, Wacholderbeeren, Thymian und Dill, 30 Minuten köcheln lassen. Zuletzt das Schlagobers dazugeben und weitere 30 Minuten leicht köcheln lassen.

4 Abseihen, mit Salz und Pfeffer abschmecken und mit kalter Butter aufmixen.

SCHWARZE BURGERBROTE

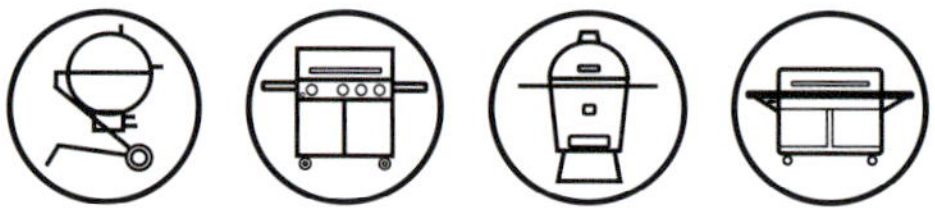

Portionen: 4 Stück • Grillmethode: indirekt • Zubehör: Lochblech
Vorbereitung: 20 Min., ca. 1 Std. rasten/aufgehen • Garzeit: ca. 10 Min. bei 200 °C
Schwierigkeitsgrad: ✪✪

ZUTATEN

240 g glattes Mehl
(AT: Type W480, DE: Type 405)
10 g Maisstärke
5 g Salz
4 g Zucker
10 g Trockengerm (Hefe)
30 g flüssige Butter
4 g Sepiatinte
140 ml kaltes Wasser

20 g Sesamsamen
zum Bestreuen

ZUBEREITUNG

1. Alle Zutaten für den Teig in die Rührschüssel einer Küchenmaschine geben und mit dem Knethaken ca. 10 Minuten auf kleiner Stufe kneten. Er sollte glatt sein und sich komplett vom Kesselrand lösen.
2. Den Teig in vier gleich große Stücke teilen und schleifen = glatte Kugeln formen. Zugedeckt ca. 30 Minuten bei Zimmertemperatur rasten lassen.
3. Nach dem Rasten die Teigkugeln mit der Hand flach drücken, auf ein Lochblech legen, mit Wasser bestreichen und mit den Sesamsamen bestreuen.
4. Zugedeckt noch einmal ca. 30 Minuten aufgehen lassen. Den Grill indirekt auf ca. 200 °C vorheizen.
5. Die Burgerbrote mit dem Lochblech im Grill indirekt platzieren und die Grillhaube sofort schließen.

TIPPS

Wer kein Lochblech besitzt, kann aus dickerer Grillalufolie zwei ca. 60 cm lange Stücke abreißen und diese dreimal falten. So erhält man zwei selbst gebastelte Backbleche mit 20 cm Breite, diese mit etwas Öl einfetten.
Wird der Teig ohne Sepiatinte zubereitet, erhält man helle Burgerbrote – mit schwarzem Sesam bestreut auf Seite 106, mit gehackten Kürbiskernen bestreut auf S. 60.
Dieser Teig eignet sich auch perfekt zur Herstellung von Baguettes (siehe Rezept für Crostinis, S. 58). Die Rezeptmenge ergibt zwei Baguettes à ca. 200 g.

DANKE

Als Verkaufsleiter der Firma Eisvogel, ihres Zeichens einer der besten Fischfachhändler Österreichs, beschäftigte mich der Gedanke, ein Buch über Fisch und Co. zu schreiben, schon länger.

Mein zweites Buch befasst sich intensiv mit dem Thema Fisch und Meeresfrüchte und deren Zubereitung am Grill. Fisch in allen Facetten, aber auch viele andere Spezialitäten aus Fluss und Meer finden ihren Platz in diesem Buch. Diese Idee hat auch dem Leopold Stocker Verlag gut gefallen und somit habe ich die Wintermonate genutzt, um viele schmackhafte, kreative Rezepte zu schreiben und auszuprobieren. Natürlich hat mich mein Arbeitgeber bei der Umsetzung dieses Buches mit den frischesten Fischen und vielen weiteren Produkten unterstützt, dafür möchte ich mich hier bedanken. Auch meine Frau Marianne hat wieder tatkräftig mitgewirkt, damit dieses Buch entstehen konnte. Alexander Stiegler hat meine Kreationen perfekt fotografiert und Angelika Sitzwohl meine Texte bearbeitet und korrigiert. Danke dafür.

BUCHTIPP

ISBN 978-3-7020-1588-6
Christoph Gollenz
GOLI GRILLT BASICS
Rezepte und Tipps vom Weltmeister

DANKE AN ALLE FIRMEN, DIE DIESES BUCH MIT EQUIPMENT UND PRODUKTBILDERN UNTERSTÜTZT HABEN:

- RÖSLE GmbH & Co. KG
- MONOLITH Grill GmbH
- CONE / höfats GmbH
- Roaring Dragon / MK Trading GmbH
- Schickling EdelDesign GmbH
- Don Marco / BBQ KING Company GmbH
- Grillholz / Grillgold e.U.
- Axtschlag GmbH
- Brandstifter / Simon Ender
- Gourmet Fischgriller / Konrad Glas GmbH & Co.KG
- Teller und Geschirr / Theodor R. Rist Gesellschaft m.b.H. Salzburg
- Elmar Fetscher / FIRE&FOOD

DANKE AN ALLE FIRMEN, DIE DIESES BUCH MIT WAREN UND LEBENSMITTELN UNTERSTÜTZT HABEN:

- Eisvogel Hubert Bernegger GmbH
- SPICEWORLD GmbH
- Andreas Fischerauer
- Fischzucht Seeache
- GenussBauernhof Hillebrand KG
- PRAMOLEUM eGen.m.b.H
- Efthimios Christakis

DANKE AN DEN LEOPOLD STOCKER VERLAG UND SEIN TEAM FÜR DIE GENIALE UMSETZUNG:

- Lektorat / Angelika Sitzwohl
- Layout / Thomas Aldrian
- Bilder / Alexander Stiegler
- Bilder Bewerbe / Helmut Klein

BESTER FISCH KANN NUR AUS REINER NATUR ENTSPRINGEN

Im Jahr 1963 setzte Karl Bernegger aus Liebe zur Fischerei den Grundstein für die Firma EISVOGEL. Sein Sohn Hubert Bernegger, selbst Natur- und Fischliebhaber, baute die bestehenden Fischteiche in Molln, im Breitenauer Tal im Nationalpark Kalkalpen in Oberösterreich, ohne Einschnitte in die Natur vorzunehmen aus (Standort Molln siehe S. 14). Die stetig steigende Nachfrage nach Frischfischen erforderte nach und nach einen Ausbau der Fischzucht, der jedoch in Molln mit zunehmender Größe nicht möglich gewesen wäre. So entschied sich Hubert Bernegger für eine Beteiligung an den Fischzuchten der Familie Battigelli in der italienischen Region Friaul-Julisch Venetien. Dort herrschen perfekte Bedingungen durch unterirdisch fließendes Gebirgswasser aus den Julischen und Karnischen Alpen, welches mit gleichbleibender Temperatur von 9 bis 12 °C an die Oberfläche gedrückt wird. Da die Wertschöpfung in Österreich bleiben soll, finden Veredelungen, wie Filetieren, Räuchern und die küchenfertige Vorbereitung, sowie die gesamte Logistik und Distribution ausschließlich in der Produktionsstätte Molln statt. Modernste Anlagen, richtungsweisende Technologien und mehr als 50 perfekt geschulte Mitarbeiter garantieren höchste Qualität und machen EISVOGEL zudem zu einem der wichtigsten Arbeitgeber der Region.

Eisvogel Fischzucht Romans di Varmo in Friaul/Italien, ASC- und GlobalG.A.P.-zertifiziert. Wasserdurchflussmenge ca. 6800 Liter/Sekunde. Wassertemperatur ca. 9 bis 12 °C.

Frische ist bei EISVOGEL das oberste Gebot, aus diesem Grund wurden die Abläufe in der Fischzucht so optimiert, dass sie heute ihren Kunden einen Fisch garantieren können, bei dem das Prädikat „fangfrisch" ehrlich gemeint ist. Mit dem effizienten Einsatz von Niedrigenergie, dem verantwortungsvollen Umgang mit der Natur und dem Element „Wasser" sowie dem stetigen Ausbau des Naturschutzes ist es EISVOGEL gelungen, ein zertifiziertes Unternehmen aufzubauen, das zu den nachhaltigsten und modernsten Fischzuchten Europas zählt. Um Qualität messbar zu machen, ist es für EISVOGEL wesentlich, seine Produkte durch die besten und anerkanntesten internationalen und nationalen Siegel zu zertifizieren. Die voneinander unabhängigen Zertifizierungen IFS, BIO, MSC, ASC und BAP sowie AMA und Genussland garantieren dem Kunden erstklassige Qualität der Produkte sowie einen nachhaltigen Umgang mit der Natur und der Fischerei.

DIE GROSSE PRODUKTVIELFALT BEI EISVOGEL

EISVOGEL begann mit der Aufzucht von Bachforellen, gefolgt von Bachsaiblingen, dann kamen Regenbogen- und Lachsforellen hinzu, heute werden auch noch weitere Arten wie Seesaiblinge und Seeforellen gezüchtet. In Molln werden aber noch viele weitere Fischarten gehältert; dazu zählen Huchen, Störe, Waller und Karpfen usw. Alle diese Fische werden erst nach der Bestellung geschlachtet und nach Kundenwunsch weiter verarbeitet. Aber nicht nur Süßwasserfische gibt es bei EISVOGEL. Frisch werden zwei- bis dreimal pro Woche ganze Lachse, Thunfischfilets, Goldbrassen, Wolfsbarsche, Seeteufel, Muscheln, Austern usw. angeliefert und angeboten. Tiefgekühlt das ganze Jahr über erhältlich ist eine große Auswahl von Fischfilets, Hummern, Langusten, Garnelen, Scampi, Oktopussen, Tintenfischen und vielem mehr. Das gesamte EISVOGEL-Sortiment umfasst über 800 Artikel.

WO GIBT ES PRODUKTE VON EISVOGEL

EISVOGEL beliefert Fischliebhaber in ganz Österreich und das zwei- bis dreimal pro Woche. In ca. 4800 Einzelhandelsfilialen werden Süßwasserfische von EISVOGEL angeboten, diese wiederum werden innerhalb von nur 24 Stunden nach der Schlachtung, Verarbeitung und Verpackung beliefert. Auch Meeresfische werden bei EISVOGEL täglich verarbeitet und innerhalb von nur 24 Stunden in ganz Österreich ausgeliefert. Bei letzteren muss man aber berücksichtigen, dass der Weg in die Produktionshallen nach Molln, je nach Herkunft und Fischart, mindestens zwei Tage dauert.

Auch Hotelbetriebe, Restaurants, Caterer, Groß- und Werksküchen können mindestens zweimal pro Woche beliefert werden, die Lieferung erfolgt innerhalb von 24 Stunden nach der Bestellung. In den Bundeshauptstädten ist die Lieferung sogar fünfmal pro Woche möglich.

EISVOGEL beliefert mittlerweile auch seit vielen Jahren den österreichischen Fisch-Fachgroßhandel. Auch in Deutschland und in der Schweiz werden Großhändler und Handelsketten mit Produkten aus dem umfangreichen EISVOGEL-Fischsortiment beliefert.

GRILL
AND
CHILL
RÖSLE
SINCE 1888
DECKEL MIT GLASEINSATZ
BBQ-Station VIDERO G3 & G4
Die vielseitigen Gasgrills
für kreative Griller
www.roesle.de